MADRE TERESA

LEO MAASBURG

MADRE TERESA
Uma vida maravilhosa

Dados Internacionais de Catalogação na Publicação (CIP)
(Câmara Brasileira do Livro, SP, Brasil)

Maasburg, Leo
   Madre Teresa : uma vida maravilhosa / Leo Maasburg ; [tradução Maria Lin de Sousa Moniz]. – São Paulo : Paulinas, 2015. – (Coleção memória)

   Título original: Mutter Teresa : die wunderbaren Geschichten
   ISBN 978-85-356-4004-5

   1. Espiritualidade - Igreja Católica   2. Teresa, de Calcutá, Madre, 1910-1997   3. Vida cristã   I. Título.   II. Série.

   15-07885   CDD-271.97

Índice para catálogo sistemático:
1. Madre Teresa de Calcutá : Vida e obra : Cristianismo 271.97

Título original da obra: *Mutter Teresa. Die wunderbaren Geschichten*
© 2010 by Verlagsgruppe Droemer Knaur GmbH & Co, KG, Munich
Este livro foi negociado através da Ute Körner Literary Agent, S.L., Barcelona – www.uklitag.com

Direção-geral:
Bernadete Boff
Editora responsável:
Andréia Schweitzer
Tradução:
Maria Lin de Sousa Moniz
Copidesque:
Cirano Dias Pelin e Simone Resende
Coordenação de revisão:
Marina Mendonça
Revisão:
Sandra Sinzato
Gerente de produção:
Felício Calegaro Neto
Projeto gráfico:
Manuel Rebelato Miramontes
Capa:
Janko Hnilica
Caderno de fotos:
Pejacsevich – p. 6 inferior;
Photo Service/L'Osservatore Romano – p. 9 superior;
Janko Hnilica – p. 10 inferior;
Petrie – p. 13 superior;
Leo Maasburg – as demais.

1ª edição – 2015
3ª reimpressão – 2024

Nenhuma parte desta obra poderá ser reproduzida ou transmitida por qualquer forma e/ou quaisquer meios (eletrônico ou mecânico, incluindo fotocópia e gravação) ou arquivada em qualquer sistema ou banco de dados sem permissão escrita da Editora. Direitos reservados.

Cadastre-se e receba nossas informações
www.paulinas.com.br
Telemarketing e SAC: 0800-7010081

Paulinas
Rua Dona Inácia Uchoa, 62
04110-020 – São Paulo – SP (Brasil)
📞 (11) 2125-3500
✉ editora@paulinas.com.br

© Pia Sociedade Filhas de São Paulo – São Paulo, 2015

Sumário

PREFÁCIO – O que ela gostaria que se escrevesse? 9

CAPÍTULO 1 – Amor à segunda vista 13

CAPÍTULO 2 – No Vaticano 21

CAPÍTULO 3 – Como se encomenda um santo 32

CAPÍTULO 4 – A segunda vocação de Madre Teresa 39

CAPÍTULO 5 – Os pobres são pessoas maravilhosas 46

CAPÍTULO 6 – Os "negócios" de Madre Teresa 57

CAPÍTULO 7 – Fale de Jesus! 66

CAPÍTULO 8 – Fazer pequenas coisas com grande amor 75

CAPÍTULO 9 – Junto dos mais pobres dos pobres 89

CAPÍTULO 10 – Contemplativa no meio do mundo 96

CAPÍTULO 11 – Sedução avassaladora 104

CAPÍTULO 12 – Como pegar touros pelos chifres 115

CAPÍTULO 13 – Almas necessitadas 124

CAPÍTULO 14 – No reino do Mal 131

CAPÍTULO 15 – Natal soviético 145

CAPÍTULO 16 – Aventura armênia 153

CAPÍTULO 17 – Com peregrinos, prostitutas e políticos 167

CAPÍTULO 18 – Entre hindus e muçulmanos 175

CAPÍTULO 19 – A voz dos sem-voz 184

CAPÍTULO 20 – É obra dele! 195

CAPÍTULO 21 – Sofrimento e morte 207
CAPÍTULO 22 – No auge da sua santidade 214
CAPÍTULO 23 – Madre Teresa está viva! 223
Agradecimentos do autor 230

> Jesus is the Hope of Mankind
> for He came to give us the good news that God is Love
> and that He loves us
> and that He wants us to love each other as God loves each one of us.

Jesus é a esperança da humanidade,
pois ele veio até nós para nos trazer a Boa-Nova
de que Deus é amor, que ele nos ama
e que ele quer que nos amemos uns aos outros,
assim como ama cada um de nós.

PREFÁCIO

O que ela gostaria que se escrevesse?

Madre Teresa faz parte das personalidades mais marcantes do século XX. Ela é, como admitem ateus e críticos sem reservas, uma figura proeminente da história contemporânea e da história da Igreja. Mas, sobretudo, ela foi e é uma mulher fascinante. É o que vejo nos olhos brilhando de muitas pessoas que me pedem para falar sobre Madre Teresa assim que sabem que tive a oportunidade de estar próximo dela durante alguns anos.

Por que razão as pessoas deste século se interessam por uma mulher santa do século passado, que nunca conheceram pessoalmente?

Nesta nossa época de frenesi e velocidade, em que todos correm atrás da moda, o que se pode encontrar de tão interessante e arrebatador numa freira que, ao ouvir a observação arrogante de um crítico dizendo que ela e a sua teologia tinham duzentos anos de atraso, respondeu sorrindo: "Não, dois mil anos!".

Nas inúmeras viagens em que pude acompanhá-la nos seus últimos anos de vida pude sentir parte da aura e do fascínio da sua personalidade.

Para o nosso mundo midiático, em que tanto se aspira à fama, ela era uma *estrela* invulgar, inconfundível e resplandecente: não rodeada por ricos e elegantes, mas pelos mais pobres dos pobres, pelos aleijados, pelos marginalizados da sociedade. Uma personalidade poderosa e inteligente, carismática e humilde, que não queria mandar, mas servir.

Um exemplo inovador, cujo êxito visível consiste no fato de tantas jovens, em todo o mundo, através da sua atuação e exemplo, terem alegremente decidido seguir Jesus e nele encontrar o sentido da vida.

Muitos homens e muitas mulheres de todas as gerações deixaram-se inspirar pelo amor de Madre Teresa a Jesus. Uma *estrela* que, contrariada, esteve sob os holofotes, ainda assim utilizando-as de forma bem impressionante para fazer as suas boas ações.

Madre Teresa nunca se colocou no centro. No entanto, se fosse empurrada para as luzes da ribalta por outros – e depois da atribuição do Prêmio Nobel da Paz em 1979 isso tornou-se praticamente uma constante –, ela aproveitava a oportunidade para apontar para Cristo. De diversos lados existia e continua a existir uma disputa, mais por motivos nacionais do que católicos, sobre a quem pertence Madre Teresa. Ela mesma não teria desejado isso, mesmo não renegando as suas origens. Numa das raras declarações sobre si mesma, Madre Teresa disse: "Sou albanesa de nascimento, hoje sou cidadã indiana. Sou também uma freira católica. No que diz respeito ao meu trabalho, pertenço a todo o mundo, mas, no fundo do coração, só a Cristo pertenço". Fica, assim, inequivocamente esclarecida a questão da pertença.

Será que tudo isso não desaconselha a escrever um livro sobre Madre Teresa? Ainda mais quando não pretende ser científico nem biográfico, mas baseando-se em acontecimentos, memórias e apontamentos do autor? Ou, colocando a questão de outra forma: o que Madre Teresa gostaria que eu escrevesse neste livro?

Possivelmente, ela daria a mesma resposta que me deu num belo dia de outono em Viena, era eu um padre recentemente ordenado. Nunca antes tinha sido incumbido de orientar um retiro, muito menos de religiosas. Foi quando Madre Teresa me surpreendeu com a pergunta: "Padre, você pode orientar o retiro das Irmãs?".

Honrado e ao mesmo tempo inseguro, perguntei quando seria.

Ela disse: "Amanhã".

E eu, ainda mais inseguro: "Mas, Madre, nunca fiz isso! Do que haverei de falar?".

A resposta saiu rápida que nem um tiro: "Fale de Jesus! Do que haveria de ser?".

Quando as pessoas perguntavam por sua vida e pormenores biográficos, Madre Teresa geralmente se escusava: "Não gosto muito de falar sobre mim, porque, quando as pessoas falam ou escrevem sobre mim, falam ou escrevem pouco sobre Jesus".

Assim, espero, com este livro, colocar sob a luz certa a atuação e a personalidade de Madre Teresa e, sobretudo, aquele dedo indicador com que ela sempre apontava para Jesus. Este livro sobre Madre Teresa há de, pois, mostrar aquele a quem, em última instância, ela queria levar todos: Jesus Cristo.

Leo Maasburg

CAPÍTULO 1

Amor à segunda vista

Ela era fascinantemente normal, por mais extraordinários que pudessem ser a sua vida, o efeito que causava nas pessoas e as histórias ainda bem vivas.

Por um lado, a própria Madre Teresa ultrapassava todas as normas conhecidas; por outro, era completamente natural, realmente "normal" e, por isso mesmo, fascinante. Durante o tempo em que estive a seu lado, observei Madre Teresa, estudei-a e admirei-a. À primeira vista, fez-me lembrar a minha avó.

Tal como ela, tinha não só centenas de rugas e marquinhas no rosto, mas também certos traços geracionais. Madre Teresa era severa e disciplinada consigo mesma e, ao mesmo tempo, bondosa, preocupada e extremamente paciente com os outros. Como muitos idosos, tinha também os lábios finos e severos, que ela, por vezes e de acordo com a situação, empurrava para a frente, num trejeito de aborrecimento; inclinava a cabeça um pouco para o lado e ouvia com ar cético – no entanto, com grande atenção – os que a procuravam.

Em outros momentos, de novo com os lábios empurrados para a frente, balançava a cabeça de um lado para o outro, qual enólogo ao provar a nova colheita pela primeira vez. Quem a conhecia sabia que, em tais momentos, uma decisão importante estava prestes a surgir. E os lábios empurrados para a frente acabavam também muitas vezes por desaparecer entre as mãos e as maçãs do rosto enrugadas – é que, quando apoiava a cabeça pesada nas mãos gastas e visivelmente marcadas pelas artroses, assim se abstraindo do mundo, Madre Teresa detinha-se em conversa com o seu Senhor.

Aqui chegamos a um ponto importante da sua personalidade: a própria Madre Teresa era aquilo que ela exigia das suas Irmãs, isto é, uma "contemplativa do mundo". Todas as suas ações e toda a sua atenção aparentemente voltada para o mundo ocultavam a maior parte do seu ser. Este permanecia – como um "iceberg" – escondido da superfície, melhor dizendo, voltado para dentro: contemplativo, mergulhado na adoração de Deus, do seu amor e da sua ação no mundo. Guardava um segredo pessoal, do qual nós nada sabíamos, uma profunda dor mística: a "noite da alma", um anseio insatisfeito e ardente pela proximidade de Deus que só depois da sua morte se tornou conhecido.

Quando visitei Calcutá pela primeira vez, ia numa atitude ainda bastante crítica. Queria observar concretamente de que forma a espiritualidade e a devoção de Madre Teresa influenciavam a sua prática e a das Irmãs. Então, sentei-me na capela, num ângulo propício em relação a Madre Teresa, apenas para observar como ela rezava. Apresentava um ar completamente absorto enquanto estava de joelhos, no chão ou em cima de um tapete, em profunda devoção, de olhos fechados e depois de novo com as mãos apertadas contra o rosto.

Pouco depois, percebi que, lá fora, à porta da capela, um fotógrafo, nervoso, andava de um lado para o outro. Era evidente que ele queria falar com Madre Teresa, não se atrevendo, contudo, a ir incomodá-la. De repente, uma Irmã se dirigiu a ele, indicando-lhe que avançasse em silêncio. Ele descalçou os sapatos, entrou na capela, mas hesitou em ajoelhar-se junto de Madre Teresa. "Ela agora vai ficar aborrecida", pensei eu, curioso para ver como ela reagiria.

Ela deve ter ouvido ou pressentido quando ele se ajoelhou a seu lado, erguendo então o olhar e acolhendo-o com um sorriso resplandecente. A sua atenção era agora toda do fotógrafo. Ele lhe disse a que vinha em poucas palavras. Ela lhe respondeu. Ele se levantou e saiu da capela. E antes que ele tivesse chegado à rua Madre Teresa já se encontrava de novo em profunda oração.

O que me impressionou nessa cena breve foi o fato de nem o mínimo gesto de contrariedade ou de mau humor se notar em Madre Teresa. Pelo contrário, era como se ele lhe tivesse trazido uma dádiva com o fato de a ter "incomodado" enquanto orava. Só mais tarde percebi que o próprio Jesus estava tão presente nas pessoas com quem ela se encontrava que, ao interromper a oração – a conversa viva com Jesus, portanto –, apenas mudava de Jesus em Jesus.

Uma das autodescrições mais bonitas e verdadeiras de Madre Teresa encontra-se numa frase que ela proferiu diante de um grupo de jornalistas. Um deles disse: "Madre Teresa, aquilo que a senhora faz é tão maravilhoso!". Ao que ela respondeu: "Sabe, eu sou apenas um pequeno lápis na mão de Deus, um Deus disposto a escrever uma carta de amor ao mundo".

Com isso Madre Teresa queria dizer que devemos deixar-nos usar por Deus da mesma forma que usamos um lápis: do mesmo modo que eu preciso de um lápis para escrever e, assim, passar para o papel aquilo que penso e quero dizer, assim Deus se serve de nós para expressar-se. E aqui reside a grandeza e, simultaneamente, a humildade de Deus: que ele se sirva de nós, seres imperfeitos, para mostrar a sua grandeza. Se, de fato, lhe pertencemos e o queremos servir, então temos de permitir que ele se utilize de nós da forma que lhe aprouver.

Mas com isso já estou me antecipando mais do que devia neste ponto do livro. Voltemos, então, outra vez, ao princípio.

* * *

Tive oportunidade de conhecer Madre Teresa quando ainda era estudante. Na época, eu era um colaborador próximo do Bispo eslovaco Pavol Hnilica, exilado em Roma, que, através da obra de assistência "Pro Fratribus", por ele fundada, prestava apoio à Igreja clandestina do antigo Bloco do Leste. Ele conhecera Madre Teresa em 1964, num congresso eucarístico em Bombaim (hoje Mumbai), reconhecendo de imediato a personalidade que tinha diante de si. Insistiu, então, com o Papa Paulo VI, acabando por conseguir que este a convidasse a ir a Roma. O Bispo Hnilica ajudou também a instalar a primeira comunidade das Missionárias da Caridade no bairro Tor Fiscale, nos arredores de Roma.

Enquanto colaborador do bispo, eu estava presente quando Madre Teresa chegou e quando o Bispo Hnilica a foi visitar na sua comunidade romana de São Gregório, embora preferisse manter-me um pouco afastado. Tinha a ideia de que devíamos deixá-la em paz, tanto mais que, em tais ocasiões, como era costume, Madre Teresa seria assediada por visitantes checos e eslovacos, sempre em grande número em torno do Bispo Hnilica.

Roma estava, pois, cheia de personalidades interessantes. Inconscientemente, também a tinha incluído nessa categoria. Logo no primeiro encontro de fato, Madre Teresa derrubou todos os meus preconceitos. Em vez de se reunir com o bispo e os seus visitantes e de se exibir, levou-os todos para a capela, ajoelhou-se e permaneceu em oração diante do Sacrário. Não era para ela mesma nem para a sua obra que queria conduzir-nos, mas para o Sacrário!

A graça de me aproximar de Madre Teresa após a minha ordenação, em 1982, e de poder acompanhá-la durante vários anos nas suas viagens, devo, em última instância, ao fato de o Bispo Hnilica possuir o carisma de não falar inglês. Os dois até conseguiam entender-se – ele em eslovaco, ela em sérvio –, de forma rudimentar e direta, mas, quando se tratava de questões mais complicadas, precisavam de um intérprete. E foi assim que entrei em cena. Em uma das minhas primeiras missões como intérprete, sendo padre novato, num momento em que o Bispo Hnilica saiu e eu fiquei a sós com Madre Teresa, perguntei-lhe o que devia fazer um padre recentemente ordenado caso sentisse, no seu coração, que devia ir para a Rússia em missão. A resposta saiu disparada que nem um tiro: "Ele deve fazer o que o seu bispo lhe determinar".

Fui apanhado de surpresa e perguntei, para me recompor: "Mas se o bispo não disser nada, o que deve ele fazer?".

Madre Teresa refletiu por uns instantes e respondeu: "Nesse caso, deve fazer o que o papa lhe disser".

E seria assim que viria acontecer mais tarde: acabou por ser do Papa João Paulo II que recebi indiretamente a missão de ir com Madre Teresa primeiro para Moscou e depois para a Armênia. O secretário de Estado, o Cardeal Angelo Sodano, conferiu-me, em nome do papa, todos os poderes necessários.

* * *

Dotada de sentido pragmático e muito prático, Madre Teresa tinha a capacidade de, em encontros ocasionais – e desses havia inúmeros –, conseguir ajuda e apoio para a sua obra e para os seus planos. No meu primeiro encontro mais prolongado com Madre Teresa, depois de ter terminado o trabalho de intérprete entre ela e o meu bispo, nem tinha decorrido um minuto quando ela se percebeu que eu possuía um carro. Pediu-me, de imediato, que levasse três das suas Irmãs ao aeroporto à tarde. Às três da tarde daquele domingo encontrava-me eu, então, no estacionamento diante da casa das Missionárias da Caridade em São Gregório, Roma. Madre Teresa também lá estava e "entregou-me" as três Irmãs. Cada uma trazia uma caixa de papelão aberta debaixo do braço. Ao carregar as coisas no porta-malas, vi o conteúdo das caixas: um colchão de dormir enrolado, dois saris dobrados, uma Bíblia, um livro de orações e alguns objetos pessoais.

"Vamos para um passeio no campo?", perguntei às Irmãs, um tanto quanto provocador, apontando para a pouca bagagem.

"Não, vamos para o aeroporto", foi a resposta.

"E então para onde?", quis eu saber.

"Para a Argentina", respondeu-me, radiante, uma das Irmãs, que eu facilmente poderia tomar por uma adolescente.

"E durante quanto tempo? Uma, duas semanas?"

"Oh, não, por cinco a dez anos, no mínimo!"

Ainda à procura de uma explicação para tão escassa bagagem, inquiri desde quando sabiam da mudança.

"Desde hoje de manhã. Depois de professarmos os nossos votos, Madre Teresa nos incumbiu da nossa nova missão. Estamos tão felizes!"

Calado, apenas podia comparar a minha obediência de padre com a delas, e o resultado ainda hoje me ocupa o pensamento.

Aprendi, então, que a obediência, no seio das ordens religiosas, vai bem mais longe do que no seio dos padres seculares. Esta disponibilidade absoluta para a tarefa que se recebe de cima marcou-me o pensamento. Madre Teresa sabia exatamente qual a autoridade que convém a cada um: ela não era subserviente de todo, mas era muito obediente. Nunca teria feito nada para causar boa impressão junto a um superior, um bispo ou um cardeal. Ela também sempre sabia distinguir entre a determinação de um bispo no âmbito das suas competências e fora delas.

Quando Madre Teresa se encontrou certa vez com o Cardeal Franz König, à margem de um sínodo, e este lhe perguntou como se sentia no meio de tantos bispos, ela respondeu: "Sabe, senhor cardeal, de fato não entendo tudo o que aqui se diz e se relata, mas penso para comigo: às vezes, é capaz de ser mais importante rezar pelos bispos do que ouvi-los".

As jovens Irmãs que eu tinha levado para o aeroporto tinham recebido a sua tarefa de manhã, descobrindo para onde teriam de viajar à tarde. E obedeceram alegremente. Mais tarde, pude comprovar muitas vezes que esta espécie de missão é sistemática entre as Missionárias da Caridade. Depois de as Irmãs terem professado os seus votos numa igreja e terem entregue os votos escritos nas mãos de Madre Teresa, veio a missão, que, de forma muito marcante, tornava visível a essência do voto: pobreza, castidade, obediência e "serviço não remunerado, de todo o coração, aos mais pobres dos pobres".

Após a celebração litúrgica, as novas Irmãs dirigiram-se à sacristia, onde Madre Teresa assinou as ordens, entregando-as a cada uma delas. Constava na folha: "Querida Irmã..., envio você para...". Madre Teresa escrevia então, à mão, o nome da Irmã e o respectivo país. Por baixo, acrescentava: "Que Deus a abençoe. Madre M. Teresa MC".

Nada disso sabia eu ainda quando levei as três Irmãs para o aeroporto em Roma. No entanto, já tinha pressentido algo do espírito de Madre Teresa e da sua obra. No regresso, fiz questão de informar Madre Teresa de que as Irmãs haviam partido bem. À minha espera já havia chá e biscoitos. E depois veio ela pessoalmente. "Para me agradecer", pensei logo; mas, de imediato, recebi a tarefa seguinte: "Padre, você poderia me levar ao Vaticano amanhã?".

CAPÍTULO 2

No Vaticano

"Quer que a leve ao Vaticano? Sim, claro. Com muito gosto!" Não tinha qualquer razão para recusar aquele pedido simples de Madre Teresa. Além disso, para um padre ordenado havia apenas poucos meses era uma boa oportunidade para espreitar por detrás dos muros do Vaticano ou, enquanto esperasse por Madre Teresa, talvez poder dar uma voltinha pelos jardins, normalmente interditados ao público.

"Sim, com muito gosto, quando quiser!"

Foi quando lhe perguntei a que horas deveria ir buscá-la que começou a minha primeira discussão com Madre Teresa.

"Padre, temos de ser muito pontuais. Portanto, o melhor é partirmos daqui às quatro da manhã!", iniciou ela a nossa pequena controvérsia.

"Às quatro da madrugada?" Já me via levantando no escuro, ainda cheio de sono, pois em Roma raramente se ia para a cama antes da uma da manhã – sobretudo quando se é estudante. Aqui se avizinhava, pois, um autêntico sacrifício.

Mas talvez se pudesse adiar um pouco a hora do sacrifício? Pelo menos, queria tentar: "Madre Teresa, com certeza a senhora foi convidada para a missa da manhã do Santo Padre, não?".

Um trejeito dos lábios e um acenar de cabeça indiano que, para nós, europeus, indica um "não", mas que, na realidade indiana, significa "sim", confirmou a minha suposição. Vi aumentarem as minhas hipóteses: "Madre Teresa, a missa do Papa só começa às sete horas!", atirei eu o meu conhecimento de "insider" como um trunfo.

"Sim, mas temos de ser muito pontuais! Mas está bem, partida às quatro e meia!"

Tinha-se conseguido uma pequena vitória parcial. Agora era preciso aguentar: "Não, Madre, às seis e meia seria mais do que suficiente. A essa hora da manhã as ruas estão desertas, e de São Gregório ao Vaticano levamos quinze minutos no máximo".

"Então está bem, às cinco horas, padre! Mas mais tarde não!"

Mais uma pequena vitória. Ela era, afinal, sensível a argumentos, pensei eu. E, enquanto isso, não transparecia a mínima irritação ou impaciência. Pelo contrário, julguei entrever uma traquinice no fundo do olhar fascinante, dando a sensação de familiaridade. Fez-me lembrar um pouco Abraão intercedendo junto ao Senhor pelos condenados de Sodoma. É certo que não se tratava aqui de almas, mas apenas de algumas horas do meu sono na manhã seguinte.

Mesmo assim, queria fazer mais uma tentativa e, desta vez, com um argumento não totalmente irrelevante: "Madre Teresa, mas isso continua sendo muito cedo! Os portões do Vaticano só abrem às seis horas!".

Voltei a ganhar: "Cinco e meia!".

Isto era muito mais suportável do que às quatro horas!

* * *

Às cinco e meia em ponto da manhã seguinte entrava eu em São Gregório para ir buscar Madre Teresa. Ela e a Irmã que tinha a sorte de poder acompanhar Madre Teresa até o Santo Padre já estavam prontas. Quando o Vaticano abriu os seus portões, às seis horas, o meu Opel verde, com placa de Munique, era o primeiro automóvel à entrada. Com uma briosa saudação, o guarda suíço nos fez sinal para entrar e subimos a rampa até o Pátio de São Dâmaso; daqui os convidados do Papa sobem de elevador até o terceiro andar, onde se encontra a entrada dos aposentos do Santo Padre.

Quando parei o carro à entrada do elevador, um outro guarda suíço saudou: "Bom-dia, Madre Teresa. Veio muitíssimo cedo. Aguarde aqui, por favor". Foram essas as suas lacônicas indicações. Assim, tive a sorte de ficar quase uma hora no carro à espera com Madre Teresa. Era mais do que tinha desejado, e acho que nunca esperei de tão bom grado como nessa ocasião.

Madre Teresa estava no lugar ao lado do condutor e rezamos em conjunto o rosário completo e uma "novena expressa". Essa "novena expressa" era uma espécie de "pistola automática" de Madre Teresa. Consistia em dez "memorares" – e não nove, como se poderia supor pelo nome novena. Na Congregação das Missionárias da Caridade eram absolutamente habituais as novenas ao longo de nove dias. Com a quantidade de problemas que eram apresentados a Madre Teresa e, não menos importante, o ritmo das suas viagens, muitas vezes nove dias tornavam-se simplesmente escassos para uma resposta da Administração Divina. Então ela inventou a "novena expressa".

Um "memorare" tem o seguinte teor:

> Lembrai-vos, ó piíssima Virgem Maria, que nunca se ouviu dizer que algum daqueles que recorreram à vossa proteção, imploraram a vossa assistência e reclamaram o vosso socorro, fosse por vós desamparado. Animado eu, pois, com igual confiança, a vós, Virgem, entre todas singular, como à minha Mãe recorro; de vós me valho e, gemendo sob o peso de meus pecados, me prostro aos vossos pés. Não rejeiteis as minhas súplicas, ó Mãe do Filho de Deus humanado, mas dignai-vos de as ouvir e de me alcançar o que vos rogo. Amém.

A oração estava sempre pronta em Madre Teresa: desde a prece pela cura de uma criança, antes de entrevistas importantes, por bagagens perdidas, até a prece pela proteção celestial quando o combustível se tornava escasso numa viagem em missão noturna e o destino ainda se encontrava distante. A "novena expressa" tinha uma coisa em comum com a novena de nove dias ou até mesmo com a novena de nove meses: a prece confiante no auxílio divino, tal como fizeram os Apóstolos durante nove dias, "com Maria, a mãe de Jesus, e as mulheres" (cf. At 1,14), enquanto esperavam pela vinda do auxílio prometido, do Espírito Santo.

Mas a razão pela qual Madre Teresa rezava sempre dez "memorares" é a seguinte: para ela, a colaboração do Céu era tão óbvia que juntava sempre a oração de graças pela dádiva obtida como sendo o décimo "memorare". Assim foi também desta vez. Enquanto esperávamos no carro, rezamos o rosário completo. Mal tínhamos acabado a "novena expressa", o guarda suíço bateu no para-brisa embaciado, dizendo: "Madre Teresa, está na hora!". Madre Teresa e a Irmã saíram do carro. Para evitar que o guarda me expulsasse daquele belo pátio, ainda lhe gritei: "Madre, eu espero aqui até que volte. Depois eu a levo para casa". Mas as coisas haviam de acontecer de forma completamente diferente.

Ela se virou para trás e gritou: "Depressa, Padre, venha conosco!". Teria a "novena expressa" acabado por influenciar este "Depressa, Padre..."? Não tive tempo de pensar nisso, pois Madre Teresa já ia a caminho do elevador, enquanto afastava do caminho o tímido protesto do guarda suíço com um encantador "O padre está conosco!" e um piscar de olhos agradecido, com ar divertido.

Eu julgava saber por que razão o guarda me deixou seguir sem mais objeções. As regras do jogo eram inequívocas: só quem constasse da lista dos anunciados podia entrar. E lá só constavam Madre Teresa e uma Irmã. Mesmo assim, para o guarda devia ser tão claro, como para mim, que eu não tinha qualquer chance. Mesmo pela mão de uma santa eu não passaria pelo guarda do elevador – e muito menos pela polícia civil à entrada dos aposentos do Santo Padre.

Ao guarda e acompanhante do elevador, hesitante, Madre Teresa garantiu, com igual encanto, mas ao mesmo tempo com grande determinação: "Podemos seguir. O padre está conosco". Em vez de resistir a uma ordem tão clara de Madre Teresa, o guarda do elevador, obviamente, transferiu para a polícia civil a responsabilidade sobre o meu acesso aos aposentos pontifícios. Ao sairmos do elevador, pareceu-nos que ele tinha feito sinal ao policial nesse sentido.

Já durante a subida fui tentando explicar a Madre Teresa que não só era insólito como absolutamente impossível encontrar-se com o Papa sem agendamento. Contra o seu "Não, Padre, você está conosco" também a minha resistência não adiantava nada. Como também não podia enfiar-me num buraco no chão, não tive outro remédio senão preparar-me para o "Fora" decisivo, mesmo diante do almejado fim. Já ouvia o guarda do elevador e o guarda dizendo em surdina "Nós avisamos", quando voltasse para o carro. Será que, ao menos, me deixariam esperar no pátio?

É um longo corredor que, no terceiro piso do Palácio Apostólico, nos conduz do elevador até o primeiro grande salão de recepções dos aposentos pontifícios. Mas não suficientemente longo para convencer Madre Teresa de que seria melhor eu voltar logo. Eu não me importaria, tentava eu explicar timidamente. "O senhor vem conosco!", retorquia ela com voz firme. Não havia nada a fazer. "Benevolent dictator", bondosa ditadora, chamavam alguns a esta santa mulher. E, aos poucos, fui percebendo o porquê. As paredes do corredor, que agora percorríamos em silêncio, estavam decoradas com quadros magníficos e cobertas de ornamentos. A vista das grandes janelas era simplesmente de cortar a respiração: aos nossos pés, na tênue neblina matinal, ficavam o Pátio de São Dâmaso, a Praça São Pedro, a colina Gianicolo – com a Pontifícia Universidade Urbaniana e a Academia Norte-Americana – e, por fim, o mar de telhados aparentemente infindável da Cidade Eterna. Não tive, contudo, muito tempo para absorver essas impressões. Madre Teresa, a Irmã e eu nos aproximávamos cada vez mais da entrada dos aposentos do Papa. Diante dela estavam dois enormes policiais à paisana – o fim certo da minha viagem matinal até o Papa? Eu, pelo menos, estava convencido disso.

O esperado "Fora" acabou por me ser transmitido num tom extremamente simpático e profissional. O mais velho dos policiais saudou a fundadora das Missionárias da Caridade de forma delicada: "Madre Teresa, bom-dia! Faça o favor de vir por aqui. O padre não está anunciado. Não pode entrar". Fiquei parado enquanto ele dava passagem a Madre Teresa. Ela, porém, fez-me sinal para prosseguir, explicando ao policial: "O padre vem conosco".

No entanto, desta vez até o encanto sobrenatural de uma santa fracassou perante o cumprimento escrupuloso das regras de um membro da Guarda do Vaticano. O guarda papal barrou o caminho também a Madre Teresa e repetiu a ordem de forma cordial, mas tão determinada que não podiam restar dúvidas quanto a quem ditava as regras naquela seção do palácio: "Madre, o seu padre não tem autorização, por isso ele não pode entrar!". Perante autoridade muito mais cordial e, no entanto, inquestionável, o meu caminho daqui em diante era absolutamente claro: tratava-se, então, de bater em retirada tão depressa quanto possível!

Em tais situações, a diferença entre sucesso e fracasso torna-se evidente, mas, para Madre Teresa e para mim, a solução do problema parecia ser completamente diferente. Ela deteve-se e perguntou ao policial em tom paciente: "E quem é que pode dar a autorização ao padre?".

Pelo visto, o bom homem não estava preparado para tal pergunta. Com um encolher de ombros desanimado, disse: "Bem, talvez o próprio Papa. Ou o Monsenhor Dziwisz...". "Bem, então espere aqui", e saiu disparada que nem um tiro. Madre Teresa escapuliu por entre os ombros do policial na direção aos aposentos do Papa: "Vou perguntar ao Santo Padre!".

Pobre policial! É que faz parte das suas importantes tarefas garantir o sossego e a tranquilidade do Papa. E agora – disso ele não tinha a menor dúvida – a pequena freira havia de irromper pela capela, arrancar o Papa de sua profunda oração e molestá-lo com um pedido de entrada para um simples padre. Não, isso não podia acontecer! E cabia a ele impedi-la!

"Pelo amor de Deus, Madre Teresa!"

Uma breve hesitação, e a razão ítalo-vaticana tinha encontrado uma solução – e vencido Madre Teresa: "Então, que o padre também vá!". E dirigindo-se a mim: "Então, vá, vá lá!". Ordens são ordens, e passamos pelo policial, a "bondosa ditadora", que ganhava cada vez mais consistência na minha ideia, a Irmã e eu, e entramos no salão de recepções do Santo Padre.

Por uma porta do lado oposto ao nosso vinha o Monsenhor Stanislaw Dziwisz, o secretário particular do Papa, atual cardeal-arcebispo de Cracóvia. Enquanto apertava amistosamente a mão de Madre Teresa, lançava um olhar interrogativo ao padre que aumentava o grupo de forma tão inesperada. Madre Teresa não via, de forma alguma, necessidade de lhe dar uma explicação. Antes, as suas palavras de saudação foram: "Monsenhor, o padre vai concelebrar a Santa Missa com o Santo Padre!". Ela não perguntou: "...ele poderia?" ou "...seria possível?". Não, ela disse: "O padre vai...!". Era evidente que o Monsenhor Dziwisz já conhecia a "bondosa ditadora" melhor do que eu. Depois de me lançar um breve olhar perscrutador, sorriu-me, pegou-me pela mão e conduziu-me à sacristia, onde me explicou os costumes da casa para a concelebração da missa matinal com o Papa

João Paulo II. Nesse ínterim, ele ria gostoso pela forma como penetrei nos aposentos papais.

Com uma pequena vênia, o Papa tomou conhecimento da presença de Madre Teresa e da Irmã na capela. Além delas estavam duas Irmãs polonesas, do seu pessoal. Na sacristia, o Santo Padre vestiu os paramentos, enquanto murmurava, baixinho, orações em latim.

Essa Santa Missa foi para mim uma experiência marcante, deixando-me uma impressão incrivelmente profunda. A intensa devoção dessas duas grandes personalidades da Igreja Ecumênica no silêncio da manhã e tão acima dos telhados de Roma era simplesmente arrebatadora! Era como se me fosse dado respirar uma atmosfera de paz e amor, tão forte era a sua presença.

* * *

Depois de ter passado por essa experiência no Vaticano, a força de vontade de Madre Teresa já não me surpreenderia em outros locais e em outras circunstâncias, como, por exemplo, quando da segunda visita do Papa João Paulo II à Polônia. Madre Teresa já estava em Varsóvia havia dois dias, porque as Irmãs, no seu noviciado em Zaborov, tinham se preparado para professar os votos religiosos. Depois de terem professado os votos na parte da manhã, Madre Teresa mostrou-lhes o convite para um encontro entre as religiosas e o Papa. Na sua interpretação, isso significava: se ela tinha sido convidada, estávamos todos convidados! "Nós" eram Madre Teresa, as suas dezoito novas Irmãs e o Padre Leo.

Lá fomos todos de viagem para Varsóvia e dirigimo-nos para o corredor lateral do recinto onde se celebrava a missa, recomendado por um colaborador polonês. De fato, havia aqui menos aglomeração de gente, tal como ele tinha dito. A desvantagem, no entanto, era termos uma vedação pela frente. Madre Teresa fez sinal para que se levantasse a vedação. "Para mim quase nem é preciso levantar. Afinal, sou tão baixinha." Logo rastejou por baixo da vedação, seguida pelas dezoito Irmãs e pelo Padre Leo. Com o convite na mão bem à mostra, abria-nos caminho, qual doninha, conduzindo-nos diretamente para a igreja.

Claro que o pessoal da segurança à entrada conhecia a pequena freira, que ali acenava com o seu convite branco: "Entrem, entrem todos!", gritava ela, voltando-se ligeiramente.

Assim, tivemos de atravessar o portão principal, enquanto todos os outros convidados já estavam sentados nos seus lugares, à espera do Papa. Madre Teresa avançava, imperturbável, pelo tapete vermelho, que tinha sido colocado para o Papa – mostrando bem alto o seu convite e seguida pelas dezoito Irmãs e pelo Padre Leo. Assim chegou ao lugar que lhe estava reservado – evidentemente para ela – na primeira fila.

Lá chegando, cumprimentou um monsenhor muito respeitável. Sim, ali, na primeira fila, era o seu lugar! Mas Madre Teresa virou-se para mim: "Padre, padre, venha depressa, este é o seu lugar! Sente-se aqui!".

O monsenhor quis retorquir: "Não, Madre Teresa...".

Não pôde prosseguir. "Não, o padre senta aqui".

O monsenhor estava visivelmente irritado e não sabia muito bem o que fazer com Madre Teresa e as suas dezoito Irmãs. Mas não foi problema seu durante muito tempo, pois Madre Teresa tomou-o em mãos ela mesma. Mal o monsenhor tinha balbuciado "Onde as Irmãs irão sentar? Elas não podem ficar aqui", logo Madre Teresa teve uma ideia: "É muito fácil. Quatro Irmãs ali, por baixo das luzes da televisão, quatro Irmãs ali do outro lado, três Irmãs aqui, e as outras sentam-se aqui na frente, no chão".

Madre Teresa sentou-se no chão com o último grupo de Irmãs. Então o monsenhor ficou um pouco indignado: "Não, Madre Teresa, assim não!". Nada daquilo seria compatível com o protocolo. De muito perto eu podia ver como a situação se agravava. Entretanto, obedecendo às ordens de Madre Teresa, tinha me sentado na primeira fila. Nesse momento o Papa entrou e dirigiu-se diretamente a Madre Teresa. Ela se levantou e apresentou-lhe todas as jovens Irmãs, que tinham acabado de professar os votos. O Santo Padre estava visivelmente feliz por vê-la ali. Do furioso monsenhor nunca mais ouvi falar.

CAPÍTULO 3

Como se encomenda um santo

No ano seguinte, novamente por ocasião de uma missa matinal na Capela Pontifícia, desta vez anunciado, claro, fui testemunha da veneração e do profundo respeito que Madre Teresa e o Papa João Paulo II nutriam um pelo outro, estes dois grandes personagens da Igreja, que também tínhamos de considerar personalidades da história contemporânea. Logo a forma e o modo como se cumprimentavam correspondiam à maneira de ser de cada um: Madre Teresa, ao jeito indiano, juntava as mãos sobre o peito; João Paulo II abraçava-a afetuosamente. Nesta ocasião notei – como também de todas as outras vezes, mais tarde – que trocavam poucas palavras apenas. Iam logo ao assunto, sem conversarem sobre outras coisas que não tivessem a ver diretamente com o verdadeiro objetivo. Tal como acontece com as pessoas que se conhecem bem, não havia entre eles conversas fúteis nem formalismos desnecessários.

Logo após o afetuoso cumprimento, Madre Teresa foi direto ao assunto: "Santo Padre, precisamos de um santo para os nossos leprosos!". Quando o Papa lhe perguntou, então, quem é que ela tinha em mente para tal "tarefa", ela indicou o Padre Damião de Veuster, um missionário nascido na Bélgica em 1840, que viveu entre os leprosos e deles cuidou nas ilhas do Havaí, até ele próprio morrer da doença. Jef, o seu nome plebeu, sendo o sétimo filho de uma família de lavradores, trabalhou primeiro na propriedade dos pais antes de, aos 20 anos, entrar para a Ordem do Sagrado Coração de Jesus e Maria, em Louvain, e adotar o nome religioso Damião (Damien, em francês). Em 1874, foi levado para a ilha Molokai, para cuidar dos leprosos que tinham de viver sem contatos sociais e sem assistência médica. Em 1885, foi-lhe diagnosticada lepra. Em 1889, faleceu.

"Conhece-o, Santo Padre?", perguntou Madre Teresa.

O Papa fez que sim com a cabeça e Madre Teresa pensou ter atingido o alvo: "Então, por que esperar? Quando é que o canoniza?".

Mas antes que se pudesse chegar a uma canonização havia um enorme problema a resolver: o Padre Damião ainda não havia operado nenhum milagre reconhecido, o que é canonicamente necessário para uma beatificação ou canonização.

Além do mais, o Santo Padre já conhecia Madre Teresa bem demais para entrar numa discussão mais longa com ela. Em vez disso, encarregou-a de tratar do assunto pessoalmente com o Prefeito da Congregação para a Causa dos Santos, o Cardeal Pietro Palazzini. Madre Teresa não se fez de rogada. Mas o próprio Cardeal Palazzini, que o Santo Padre evidentemente devia ter informado, foi ainda mais rápido.

Logo no dia seguinte, às seis e quinze da manhã, o Cardeal Palazzini batia à porta de São Gregório, a casa-mãe das Missionárias da Caridade em Roma. Aqui ficava Madre Teresa quando se encontrava na cidade. O Cardeal Palazzini era franzino e baixo como Madre Teresa. O seu olhar denunciava humor e uma inteligência rápida. No Vaticano, era conhecido – e igualmente temido – pelo seu admirável saber e pelo conhecimento especial em Direito Canônico. Havia anos ocupava o cargo de Prefeito da Congregação para a Causa dos Santos e era, decerto, um eminente conselheiro do papa.

"Madre Teresa, o Santo Padre mandou-me vir encontrar a senhora. Em que posso ajudá-la?", foi a primeira frase do cardeal que eu tive de traduzir. "Eminência, precisamos de um santo para os nossos leprosos", repetiu Madre Teresa a frase com que tinha começado o pedido de um novo santo ao Papa.

"Então, quem há de ser?", quis saber o cardeal.

"Padre Damião de Veuster. Conhece-o?"

"Conheço, Madre Teresa. Mas, como sabe, existe aí uma pequena dificuldade: ele não realizou nenhum milagre, sendo isso necessário para a sua canonização."

"Pode ser verdade", disse Madre Teresa, "mas nas Sagradas Escrituras está escrito...". Então colocou diante do surpreendido cardeal a Bíblia aberta no Evangelho de São João, capítulo 15, versículo 13, e leu: "Ninguém tem um amor maior do que aquele que dá a vida pelos amigos". "E foi isso que o Padre Damião fez. Isto é a canonização na Bíblia, então por que é que ainda estamos à espera?"

Ela tinha jogado o seu mais forte argumento e esperava receber a "recompensa". Porém o seu plano não se cumpriria de forma assim tão simples.

O Cardeal Palazzini inspirou profundamente e jogou o seu trunfo: "A senhora tem razão, Madre Teresa. Mas sabe que temos uma tradição de quatrocentos anos que exige três reconhecidos milagres para a canonização. E o Padre Damião até agora não tem nenhum!". Toda entusiasmada, ela respondeu: "Sei disso, mas seria uma boa oportunidade para alterar esta tradição!", de novo um tiro certeiro! O êxito parecia-lhe próximo. "A Bíblia tem primazia sobre o Direito Canônico!", acrescentou, a fim de acabar com a discussão.

Mas o cardeal sorriu, tão afável quanto sagaz, e disse: "Madre Teresa, a senhora tem toda a razão. Mas não acha que seria muito mais fácil pedir um milagre ao bom Deus do que nós mudarmos a nossa tradição de quatrocentos anos?".

Pois é, foi a única vez que vi Madre Teresa ficar sem palavras e sem conseguir responder.

Pouco depois, ela acabou por dizer: "Bem, rezemos então!". O astuto cardeal da Itália tinha triunfado.

* * *

Para não deixar Madre Teresa completamente desamparada e para lhe mostrar que os preparativos a levar a cabo para uma canonização são infindáveis, de grande significado e já estabelecidos havia anos, o cardeal a convidou para uma visita aos arquivos da Congregação. Lá chegando, mostrou-lhe a montanha de documentos que se tinham acumulado para a beatificação do Padre Damião.

"Qual é o volume mais importante para a beatificação do Padre Damião?", indagou logo Madre Teresa, pela terceira vez, com visível interesse pelas centenas de calhamaços.

Todos os colaboradores da Congregação tinham acorrido ao saberem que Madre Teresa lá estava. O cardeal explicou, com paciência e evidente orgulho, à singular convidada, as longas estantes de livros e documentos e a complexidade de um processo de canonização.

À pergunta insistente de Madre Teresa sobre qual o volume mais importante de todos para a beatificação ou canonização do Padre Damião, o cardeal acabou por dar algumas ordens a um dos colaboradores. Este subiu uma escada e voltou com um pesado calhamaço antigo, certamente com pó de décadas e encadernação de couro. Quando o pousou sobre a mesa de carvalho, levantou-se uma nuvem de pó, mostrando o valor do volume.

"Então, é mesmo este o volume mais importante para a canonização do Padre Damião?", quis certificar-se Madre Teresa.

"Sim, Madre Teresa, porque neste volume..."

O cardeal se preparava para uma nova explicação, cheio de paciência, mas ainda não tinha acabado a primeira frase, quando Madre Teresa vasculhou no seu saco cinzento azulado e retirou uma pequena medalha milagrosa, bem como uma fita. Prendeu, então, a medalha com a fita na parte posterior do pesado volume. Interrompendo a exposição do cardeal, disse: "Bom, o mais importante está feito, podemos ir embora!". Para trás ficaram um cardeal atônito e os seus colaboradores.

Afinal, quem acabou por "levar a melhor"? A bondade de Deus deixou ganhar as duas grandes personalidades: o milagre rogado por Madre Teresa aconteceu pouco tempo depois. Ao mesmo tempo, uma nova regra reduzia de três para um o número de milagres necessários para a beatificação.

Padre Damião de Veuster (1840-1889), que trabalhou na ilha Molokai com os leprosos e que, após quatro anos de grande sofrimento, morreu da doença, foi beatificado pelo Papa João Paulo II em 4 de junho de 1995 na presença de Madre Teresa. Ela estava felicíssima por ter um santo para os seus leprosos, que era um deles e a quem podiam recorrer no seu sofrimento. A canonização do missionário belga foi concretizada pelo Papa Bento XVI, em 11 de outubro de 2009, na Praça São Pedro, em Roma.

* * *

É fácil explicar por que Madre Teresa dava tanta importância a um santo para os leprosos. Desde a Antiguidade eles haviam sido segregados pela sociedade, até mesmo pelos familiares mais próximos. Como marginalizados, tinham de viver fora das povoações, com receio do contágio. Tal como São Francisco um dia abraçou um leproso, assim Madre Teresa queria também dar carinho a esses pobres seres, tanto mais que a maioria dos leprosos vive na Índia. Em 1957, acolheu os primeiros doentes com sinais da hanseníase. Ainda no mesmo ano fez com que as primeiras Irmãs recebessem formação sobre o tratamento da doença. Nos leprosos via "os filhos especialmente amados de Deus", que, no seu sofrimento, participavam na paixão de Cristo.

Logo Madre Teresa fundou postos móveis para cuidado e tratamento dos leprosos, bem como centros fixos para os casos mais graves. Com o papamóvel, que o Papa Paulo VI ofereceu à Madre Teresa depois de utilizá-lo no Congresso Eucarístico Mundial em Bombaim, ela organizou um leilão, financiando, assim, uma aldeia de leprosos. Em 1959, fundou um grande centro para leprosos, mais tarde uma aldeia a trezentos quilômetros de Calcutá, onde os enfermos, sob a orientação das Missionárias da Caridade, trabalhavam em oficinas, criavam galinhas e sustentavam a si mesmos. Deu-lhe o nome de *Shanti Nagar*: Lugar da Paz.

CAPÍTULO 4

A segunda vocação de Madre Teresa

Para que se entenda a especial dedicação de Madre Teresa aos mais pobres dos pobres, há que conhecer a vivência fulcral da sua vocação: em 1928, entrou para o Instituto da Beatíssima Virgem Maria – Irmãs de Loreto, em Dublin, na Irlanda, a fim de ir para a Índia como missionária. No início do ano de 1929, iniciou o seu noviciado em Darjeeling, no norte da Índia. A cidade fica no sopé do Himalaia, a dois mil metros de altitude. Em 1931, Madre Teresa professou os votos provisórios e, em 1937, os perpétuos. Havia década e meia que ela era freira, aspirando decerto a uma vida de santidade e procurando fazer tudo o que fosse necessário para atingir esse fim. Porém, em 10 de setembro de 1946, numa viagem de trem para o seu retiro anual, teve uma experiência decisiva.

Foi assim: Madre Teresa fazia-se de novo a caminho na direção de Darjeeling, em Bengala Ocidental, onde terminara o noviciado. Durante o caminho para a estação, em Calcutá, vira os inúmeros pobres, pois desde a recente insurreição uma grande parte da população havia caído em indescritível miséria. Na estação onde o trem superlotado parou eram visíveis as consequências dos tumultos: multidões em completa miséria.

Durante a longa viagem de trem, ouvia claramente as palavras de Jesus no coração: "Tenho sede". Ouvia com enorme intensidade e sentia no coração o amor avassalador de Deus por ela. Escreveu mais tarde: "É a primeira vez que a sede de Jesus é proclamada". Esta frase, "Tenho sede", segundo o Evangelho de São João, é a penúltima frase pronunciada por Jesus antes de morrer na cruz: "Sabendo Jesus que tudo estava consumado, e para que se cumprisse a Escritura até o fim, disse: 'Tenho sede'" (Jo 19,28).

Com uma profundidade comovente, Madre Teresa compreendeu, nessa viagem de trem para Darjeeling, em 10 de setembro de 1946, que não só Deus nos ama como a frase "Tenho sede" é a expressão derradeira e mais elevada do amor do Senhor, do seu anseio pelo amor das suas criaturas e pela salvação de suas almas. Jesus pronunciou essas palavras na cruz, pois a cruz é "o ato" com o qual Jesus procura convencer-nos do amor de Deus, que não tem limites, que ultrapassa a morte.

Nessa altura, Madre Teresa tinha reconhecido o verdadeiro cerne da sua vocação. Os dez dias de retiro em Darjeeling serviram para refletir sobre esse reconhecimento, melhor dizendo, sobre a acolhida da mensagem de Jesus. Ao voltar para Calcutá, ela tinha certeza de que sua vida iria mudar, e de que modo. Madre Teresa estava decidida a servir a Jesus no mais pobre dos pobres. E queria, através de uma vida em absoluta pobreza, identificar-se com ele. Estava mesmo decidida a levar uma vida de pobreza entre os pobres, a nada possuir e a confiar plenamente na Providência e na orientação de Deus.

A decisão de deixar as Irmãs de Loreto após dezoito anos não foi fácil para Madre Teresa. E em momento algum lhe ocorreu dar tal passo, que ela reconhecera como sendo a vontade de Jesus, sem o consentimento as autoridades eclesiásticas ou contestando-as. Dirigiu-se à sua superiora provincial, teve várias e longas conversas com o Arcebispo de Calcutá, Ferdinand Périer, e justificou o seu desejo – o de seguir o chamamento de Jesus – de forma breve perante a superiora-geral em Dublin.

Em 2 de abril de 1948, o Papa Pio XII, em resposta a uma consulta do Arcebispo Périer, autorizava Madre Teresa a viver como freira fora do convento. Ficava, contudo, obrigada tanto a obedecer ao arcebispo como a respeitar as regras da sua congregação.

Em 16 de agosto de 1948, despiu o hábito das Irmãs de Loreto e deixou o convento. As alunas tinham ensaiado uma canção de despedida. Madre Teresa dirigiu-se para o portão com uma mala e um saco, parando no meio das muitas centenas de alunas. Estas começaram a cantar, mas logo a primeira começou a soluçar, depois a segunda. Uns minutos depois, as meninas choravam tanto que tiveram de interromper a canção. Madre Teresa abaixou-se, apanhou a bagagem e saiu, portão afora, diretamente para a favela contígua. Não se virou nem uma vez para trás, fechou definitivamente os portões do convento atrás dela a fim de dedicar a vida aos mais pobres dos pobres. Foi no dia seguinte ao feriado da Assunção de Maria.

* * *

Foi sobretudo através das crianças – ela era uma eminente pedagoga – que Madre Teresa encontrou nas ruas de Calcutá o caminho até os miseráveis, os sem-teto, os doentes, os desvalidos, os aleijados, os desfigurados. Colocava-se em tudo de corpo e alma, a serviço da Divina Providência. Não queria engendrar quaisquer planos estratégicos ou tomar previdências económicas – tudo deveria ser, desde o início, obra do Senhor. E ele recompensava a sua fé.

Existem dezenas de histórias que Madre Teresa contava e tornava a contar e que mostravam, nada mais, nada menos, aquilo que Jesus tinha dito aos seus discípulos: "'Que vamos comer? Que vamos beber? Como nos vamos vestir?' [...] Buscai em primeiro lugar o Reino de Deus e a sua justiça, e todas essas coisas vos serão dadas por acréscimo" (Mt 6,31.33).

Certa vez, Madre Teresa deu a um padre a sua última rupia, sem saber sequer do que iria viver no dia seguinte. À noite, um desconhecido bateu-lhe à porta, entregando-lhe um envelope com cinquenta rupias "para a sua obra".

Mais tarde, quando as Irmãs já alimentavam centenas de pessoas em Calcutá, a comida esgotou-se de repente. As Irmãs queriam informar os pobres de que não haveria nada naquele fim de semana, mas Madre Teresa impediu-as de o fazerem e retirou-se para a capela em oração. Na manhã seguinte, chegou um caminhão com grandes quantidades de leite, pão e compotas. O que havia acontecido? O Governo, por qualquer motivo, fechara as escolas e o carregamento para a refeição das crianças fora encaminhado, por alguém sensato, para as Missionárias da Caridade.

Em outra ocasião a farinha chegou ao fim e também já não havia dinheiro para comprar mais. A Irmã de serviço na cozinha, triste, foi ao encontro de Madre Teresa e recebeu instruções muito claras: "Você é responsável pela cozinha? Então vá para a capela e reze!"'. Ela ainda rezava quando um desconhecido bateu à porta, entregando um enorme saco de farinha.

Nos primeiros anos, as Missionárias da Caridade pagavam uma renda relativamente elevada, em Viena, na Áustria, pelas instalações de que necessitavam para os pobres. Quando expus a Madre Teresa as minhas preocupações a respeito, ela se limitou a dizer: "Deus há de tratar disso!". Na ocasião, tínhamos um encontro com o Cardeal König. Quando nos preparávamos para voltar, depois da visita, duas senhoras de idade nos pararam. Madre Teresa tinha outro encontro marcado, por isso foi com alguma relutância que não lhes dispensei. Enquanto eu a esperava com o motor ligado, Madre Teresa conversava demoradamente com as senhoras.

A seguir, quando paramos no primeiro semáforo vermelho, ela abriu o saco remendado. Tinha lá dentro um maço de notas no valor de cerca de trezentos mil xelins (a antiga moeda austríaca, antes do euro), que tinha recebido de uma das senhoras. "Entendeu agora?"

* * *

Madre Teresa e as Irmãs tinham muitas dessas histórias para contar, não só da Índia, mas de quase todas as comunidades da congregação em todo o mundo. Elas sabiam que os milagres acontecem todos os dias. Ou, melhor dizendo, que Jesus não abandona a sua obra. Madre Teresa via no pobre, no sofredor, o verdadeiro Corpo de Cristo, a quem ela servia com dedicação e sem ligar às oportunidades. Em momento algum ela queria que as Missionárias da Caridade fossem obra sua, antes deviam ser exclusivamente a obra dele.

A falta de planejamento, por vezes alarmante, devia dar lugar à Providência. Em outras palavras: da forma como tal projeto era realizado, só teria êxito o que fosse pura e simplesmente obra dele. E tinha êxito, crescia e florescia. Ao morrer, Madre Teresa deixou um instituto de vida consagrada constituído por cinco congregações e presente em todas as partes do mundo, com quinhentas e noventa e duas casas, a fim de mostrar Jesus ao mundo através dos mais pobres dos pobres.

No seio das Missionárias da Caridade, como em muitas outras congregações, não só cada membro é pobre, como toda a comunidade é pobre. Não há rendimentos fixos nem verdadeiros bens. Dado que as Irmãs fazem o voto de servir os mais pobres dos pobres sem qualquer compensação, também não há proventos deste serviço. Trabalham arduamente, sem ganharem o que quer que seja com isso, no sentido literal da palavra. Madre Teresa tinha a convicção inabalável de que Deus, no seu amor dedicado, sempre lhes daria exatamente aquilo de que precisassem para o seu trabalho. Ele o fazia e o faz ainda hoje através de doadores, benfeitores e mecenas de todo o mundo.

Para muitas pessoas, era difícil compreender a confiança que Madre Teresa tinha na Providência. Ela estava plenamente convencida de que a Providência de Deus haveria de facultar sempre o que lhe fosse necessário. Houve uma história que me ajudou a entender isso: um dia, o presidente de uma empresa internacional veio oferecer a Madre Teresa um terreno em Bombaim. Mas antes de fazer a oferta ele lhe perguntou num tom profissional: "Madre Teresa, como é que a senhora administra o seu orçamento?".

Madre Teresa respondeu-lhe com outra pergunta: "Quem foi que o mandou aqui?". Ao que ele retorquiu: "Senti uma necessidade interior de vir aqui". Madre Teresa sorriu-lhe: "Outras pessoas vieram, assim como o senhor, para me ver e deram a mesma resposta. É claro que Deus o enviou, ao senhor e aos outros, e todos vocês cuidam das nossas necessidades materiais. Portanto, foi Nosso Senhor que o fez vir aqui também. O senhor é o meu orçamento". Não confiassem as Irmãs inteiramente na Providência, ficariam desesperadas perante a responsabilidade por milhares e milhares de enfermos, moribundos, esfomeados, inválidos e crianças de tenra idade. Mas por que as vemos sempre sorrindo? Porque elas vivem da e para a amorosa orientação divina.

CAPÍTULO 5

Os pobres são pessoas maravilhosas

Para se entender devidamente o carisma de Madre Teresa em toda a sua extensão, é preciso pensar que a sua vocação não se orientava para os pobres em geral, mas "para os mais pobres dos pobres". Para aqueles que não conseguiriam sobreviver por si mesmos e que não tinham ninguém que deles pudessem cuidar.

Madre Teresa não era nenhum guru, e respeitava plenamente outras vocações: "Quando você sente a vocação de educar jovens, então essa é a sua vocação. Então é isso que Deus quer de você". E muitas vezes eu a ouvi dizer esta frase simples: "Aquilo que você faz eu não sei fazer. Aquilo que eu faço você não sabe fazer. Mas juntos podemos fazer algo de belo para Deus".

Assim, ela não encarava a pobreza como um ideal nem como um destino de Deus: "Deus não criou a pobreza. Nós é que criamos a pobreza, porque não partilhamos uns com os outros".

Nos meus primeiros encontros com Madre Teresa era-me um tanto suspeita a sua franqueza, a sua insistência em, logo de imediato, convidar os pobres para uma nova casa, quase que os obrigando a entrar. No entanto, onde quer que abrisse uma nova casa, todos os pobres das redondezas eram convidados para a primeira Santa Missa. Era assim que Madre Teresa queria. Ao olhar para trás, percebo que era Jesus que ela ali queria, sob a forma da Eucaristia e dos pobres.

Devo confessar que, para mim, pessoas sem formação litúrgica, muitas vezes com aspecto bastante temerário e nem sempre cheirando bem, não constituíam propriamente o público que eu teria imaginado para uma primeira missa com Madre Teresa num novo ambiente.

Por exemplo, em Viena: a missa foi bonita, as Irmãs tinham cantado maravilhosamente. Depois da Santa Missa, as Irmãs rezaram com Madre Teresa as suas quatro orações habituais, para depois voltarem ao trabalho. Tratava-se, no caso, de organizar a comunidade recentemente fundada. Voltei da sacristia para a capela a fim de rezar a ação de graças. Os últimos participantes da missa aparentemente tinham saído. Ajoelhei-me atrás do altar.

Foi então que reparei que, do outro lado do altar, estava sentado um mendigo, um sem-teto. Em Viena dizemos "Sandler". Ele tinha chagas abertas nas pernas. Tive a impressão de que estava um pouco embriagado. A cena não era propriamente do meu agrado e esperava que ele fosse embora depressa.

Rezei, devota mas não tão piamente, atrás do altar. De repente, o "Sandler" começou a falar alto. A princípio, assustei-me, depois pensei que ele estava falando comigo.

No entanto, pus-me a escutar – com crescente incredulidade –, pois ele estava rezando. "Então, Jesus, aqui tô eu. Quem diria. Num sei se tá contente ou não, mas eu tô gostando de tá aqui". Ele ficou falando com Jesus assim durante pelo menos uns cinco minutos, de forma muito pessoal e, em minha opinião, maravilhosa. Foi talvez a oração mais natural, íntima e verdadeira que jamais ouvi. Era evidente que ele não tinha me visto atrás do altar. Ele pensava que naquele momento estava completamente só com o seu Jesus e que podia falar à vontade. Mudou muito a ideia que eu tinha dos "Sandlern".

Foi impressionante. E confirmava o que Madre Teresa muitas vezes dizia: "Os pobres são pessoas maravilhosas". Na maior parte das vezes só os vemos por fora, nas suas "roupas horríveis" de pobreza, isto é, uma pele exterior que muitas vezes não nos agrada. Raramente, porém, como daquela vez em Viena, vemos também o coração das pessoas. Por isso Madre Teresa dizia muitas vezes: "Nunca julgar!".

* * *

São inimagináveis as condições em que os mais pobres dos pobres antes viviam e ainda hoje vivem em Calcutá. O ar na cidade era tão poluído que, ao sair à rua de manhã com uma camisa limpa para comprar o jornal, voltava-se para casa com a camisa preta. O calor, a umidade, o pó e a degradação causados pelos automóveis eram indescritíveis. Era particularmente ruim quando não havia vento. Nesses tempos multiplicavam-se montanhas de lixo, exalando um cheiro que pairava sobre Calcutá como uma redoma.

A limpeza fazia, por isso, parte da vida diária das Irmãs. Elas não limpavam apenas a própria residência, mas também as casas dos mais pobres dos pobres quando os visitavam. Quando voltavam para casa depois de uma sessão de limpeza, tinham de lavar imediatamente o próprio sari. Toda essa sujidade mostrava claramente que a limpeza também pode ser uma obra do Espírito Santo, pois preserva a vida. A falta de limpeza de uma cidade como Calcutá faz a vida definhar. As pessoas ficam doentes, com um aspecto terrível – e acabam morrendo.

É por essa razão que a limpeza preserva a vida. E tudo o que preserva a vida provém do Espírito Santo. Nessa forma de limpeza nos encontramos com o Espírito Santo no cotidiano!

Se um moribundo não for higienizado, morrerá rapidamente. A limpeza dos moribundos é, por isso, uma das tarefas mais importantes e preciosas das Irmãs. O "Lar dos Moribundos" era lavado de alto a baixo todos os dias. Lavava-se tudo, tudo mesmo.

As Irmãs travavam uma luta constante contra a sujeira. E isso também no verdadeiro sentido espiritual.

Para as Missionárias da Caridade, a capela com o Sacrário é sempre o centro de cada casa. Por isso as coisas devem ter um aspecto particularmente digno e, se possível, serem belas. Claro que existiam e existem diferenças de gosto. Madre Teresa considerava as estatuetas fluorescentes de Nossa Senhora muito bonitas. Outras pessoas, legitimamente, tinham outra opinião. Com ou sem bom gosto, as estatuetas sempre estavam, em todo caso, limpas!

Havia, por exemplo, a grande capela na casa-mãe, que ficava na Lower Circular Road, em Calcutá. No meio da avenida de seis faixas, nessa altura ainda por asfaltar, passava o bonde, à esquerda e à direita circulavam os carros e caminhões. Cada vez que um carro passava diante da casa, entrava uma nuvem de pó na capela. Ao mesmo tempo, o barulho da avenida era tão intenso que o arcebispo, quando certa vez esteve lá para celebrar a missa com as Irmãs, insistiu em ter um microfone e um alto-falante. Muitas Irmãs choraram de emoção, pois, pela primeira vez em anos, não só puderam participar da celebração da missa, como também ouvi-la. Por causa do barulho que vinha da avenida, nunca haviam, até aquele momento, compreendido muito do que era dito durante a pregação. Só sabiam o Evangelho porque o liam antes da missa.

Também isso era uma forma de pobreza que Madre Teresa defendia veementemente. Foi preciso vir um arcebispo para exigir que se ligasse um microfone.

Naquela época, quando eu celebrava a missa nessa casa, pouco se conseguia entender, apesar do microfone. Era, de fato, inimaginável o barulho da avenida, com os carros trepidando na Circular Road e a gritaria das pessoas. Não pude deixar de dizer a Madre Teresa que celebrar a missa ali demandava um enorme esforço, porque o barulho podia ser comparado ao de uma queda d'água. A sua resposta foi breve: "É música".

E depois a sujeira: três vezes ao dia o chão da capela era varrido e as toalhas e os tapetes eram sacudidos. Era necessário, porque sempre acumulava-se uma espessa camada de pó. Na sacristia, porém, as coisas estavam sempre reluzentes, porque ficava sob a responsabilidade das Irmãs e era uma expressão do seu amor pela Eucaristia. Nunca recebi uma alva que não fosse recém-lavada.

Na época, havia em toda a casa-mãe um único poço, que às vezes precisava atender mais de trezentas Irmãs. Levantavam-se de manhã cedo para bombear água a fim de, todos os dias, em turnos definidos, poderem lavar os seus saris. Com trezentas Irmãs, isso levava, logicamente, várias horas. Quando elas se acotovelavam em volta do poço antes das 4h20, podia-se ver que elas mesmas viviam, de fato, como os mais pobres dos pobres. Segundo as palavras de Madre Teresa: "Não podemos ajudar os pobres se nós mesmos não soubermos o que é a pobreza".

Sempre que se encontrava em Calcutá, Madre Teresa acompanhava o grupo dos voluntários ao "Nirmal Hriday" – o "Lar dos Moribundos". Essa casa era, por assim dizer, a menina dos seus olhos. Depois da missa da manhã, antes do desjejum, proferia geralmente uma pequena palestra e, depois, ia ela mesma com o grupo ao "Lar dos Moribundos". Reparei, então, que, depois da palestra, ela parecia um pouco distraída e nervosa. Podia-se perceber que tinha urgência em alguma coisa. Chegando ao "Lar dos Moribundos", distribuía as tarefas pelos novos voluntários. Levava cada um pela mão, pelas filas de moribundos, conduzindo-os até uma pessoa, em cuja fronte colocava a mão do voluntário e explicava exatamente o que precisa ser feito. O visitante tinha de dar de comer ou apenas sentar-se ao lado da pessoa, rezar ou fazer-lhe a barba. Era uma grande ajuda, pois não era assim tão fácil dirigir-se a um moribundo pela primeira vez, sobretudo no caso de jovens europeus ou americanos, que nunca tinham visto alguém morrer.

Quando, por fim, todos tinham recebido sua tarefa e ela se preparava para ir embora, parava no degrau um pouco mais elevado da entrada, de onde podia ver tudo. Então podia-se observar-lhe um largo sorriso de satisfação. Tornava-se claro que só naquele momento é que ela se sentia descontraída e feliz!

Quando o Papa João Paulo II veio a Calcutá, ela fez exatamente o mesmo: também levou o Papa pela mão, conduziu-o até um moribundo e disse: "Santo Padre, por favor, abençoe-o".

* * *

A sua tarefa não consistia em converter as pessoas, pois só Deus faz isso. A sua tarefa era "pôr as pessoas em contato com Jesus". Ao levar pessoalmente os voluntários, os colaboradores ou mesmo o Papa até os moribundos, ela os colocava em contato com Jesus! Pois encontramos Jesus – disso Madre Teresa estava convencida –, em primeiro lugar, no Sacrário e, em segundo, nos mais pobres dos pobres, sim, no nosso semelhante que sofre.

Ver Jesus no pobre tem igualmente um fundamento bíblico, tal como a Eucaristia: "Todas as vezes que fizestes isso a um destes mais pequenos, que são meus irmãos, foi a mim que o fizestes", disse Jesus (Mt 25,40). Para explicar isso, Madre Teresa erguia os cinco dedos de uma mão e indicando para cada um deles uma palavra: "You did it to me!" ["Foi a mim que o fizestes"]. Para ela, esta presença de Jesus era tão real nos mais pobres dos pobres como na Eucaristia. Um jornalista americano, que certa vez observava Madre Teresa tratando de um doente com úlceras horríveis, disse, enojado, que não faria aquilo nem por um milhão de dólares. Ao que ela respondeu: "Por um milhão de dólares eu também não o faria". Ela o fazia por Jesus.

Reparei, ao longo dos anos, que ajudar a tratar dos pobres só é difícil e exige sacrifício no começo. Depois, a maioria dos que ajudam nisso sente uma grande alegria. E acaba-se por estabelecer conversas interessantes com muitos dos pobres devidamente "mimados"; em muitos casos, nascem amizades que se perpetuam por anos, pois são "seres humanos maravilhosos", quando se conhece a eles e a seus destinos.

* * *

Podemos supor que a "sede" de Jesus na cruz não exprime apenas uma necessidade física, mas faz referência a uma dimensão mais profunda. Ele diz "Tenho sede" e bebe o vinagre que lhe oferecem – depois de ter recusado o anestésico no início da crucificação. Depois de todo o martírio e tormento, às três da tarde, no auge do calor de Jerusalém, dão vinagre a Jesus em vez de água. Seus lábios deviam estar rachados e feridos. O vinagre deve ter provocado dores inimagináveis.

Mas o sentido espiritual é mais profundo: Jesus iniciou publicamente a sua atividade quando, nas bodas de Caná, transformou água em ótimo vinho. E, no fim da sua atividade pública, os soldados deram-lhe vinagre – vinho azedo.

O vinagre estava junto da cruz porque era com isso que os soldados romanos lavavam as mãos e os braços nas crucificações. Servia como produto de limpeza. Esse vinagre era o que havia de mais desprezível e, no entanto, Jesus tomou-o como dádiva para a sua sede. Transpondo para a nossa vida, significa que o amor de Deus toma para si "o vinagre" da nossa vida. O vinagre representa todos os nossos pecados, a nossa indiferença, as nossas fraquezas, os nossos defeitos e as nossas traições – aquilo que há de mais vergonhoso em nossa vida.

Essa interpretação do prior da congregação dos Missionários da Caridade ajudou muito Madre Teresa a compreender o significado das palavras de Jesus na cruz: Deus anseia tanto por nós que podemos sempre entregar-nos a ele. O mundo há de tentar continuamente afastar-nos desta nossa "pertença a Deus".

O mundo nos quer para si e quer que nele fiquemos firmemente enraizados.

A mensagem de Jesus na cruz, "Tenho sede", transformou-se na frase-chave de toda a ação de Madre Teresa. É uma mensagem que procura fazer-nos pensar qual o anseio de Jesus: o amor por ele e pelas almas, isto é, pelos nossos semelhantes.

Um gesto difundido em nossa cultura para manifestar o amor por alguém é o abraço. Para abraçar alguém tenho de abrir os braços. A posição de um pugilista não permite qualquer abraço. Simboliza o contrário de amor: defesa, agressividade preventiva, desconfiança, violência. Jesus abriu os braços na cruz a fim de nos abraçar a todos, a humanidade inteira.

Madre Teresa tinha o dom de, em frases muito simples e curtas ou provérbios, tornar fáceis de entender raciocínios teológicos complicados. Uma imagem de Calcutá explica bem a sua dedicação a Jesus sob a forma dos mais pobres dos pobres: de manhã cedo, viam-se centenas de pessoas, milhares até, que tinham passado a noite na rua esperando em longas filas. Madre Teresa dizia: "Olhe, padre, é Jesus que está à espera de ser amado".

O melhor resumo da espiritualidade de Madre Teresa talvez possa ser observado numa imagem do fotógrafo indiano Raghu Rai, ao retratar uma das Irmãs das Missionárias da Caridade cuidando de um moribundo. Por detrás dela vê-se escrito na parede com grandes letras: "Corpo de Cristo".

Certa vez, quando nos aproximávamos da estação de Shanti Nagar, após uma viagem de trem de várias horas, cresceu em mim um sentimento insidioso. Como é que eu iria reagir numa aldeia cheia de leprosos? Disse a Madre Teresa que estava um pouco nervoso, que me sentia inquieto e que tinha até medo de visitar a ala dos leprosos. A sua resposta foi: "Padre, lá você vai encontrar Jesus em roupagens horríveis, como o mais pobre dos pobres. A nossa visita há de levar alegria, pois a mais terrível pobreza é a solidão e o sentimento de não ser amado. Hoje em dia, as piores doenças não são a lepra ou a tuberculose, mas a sensação de ser indesejado". Isso me fez lembrar outra frase de Madre Teresa: "Existe no mundo mais fome de amor e estima do que de pão".

Quando atravessamos a ala dos leprosos com Madre Teresa, uma mulher em estado avançado da doença começou a cantar numa voz maravilhosa. Com a canção ela queria agradecer a Madre Teresa o cuidado e o amor que ela e seus companheiros de infortúnio ali recebiam. Fiquei muito emocionado e comecei a compreender por que razão as pessoas com Deus dentro de si conseguiam aplacar a ânsia de amor, e não só de dinheiro nem de pão.

Muitas vezes Madre Teresa era criticada por não ajudar as pessoas a serem mais autônomas. Diziam-lhe, em sentido figurado, que ela dava o peixe aos pobres em vez de lhes dar o anzol e ensiná-los a pescar. A resposta de Madre Teresa era: "Os meus pobres estão doentes demais até para pegarem num anzol". Depois, acrescentava com um piscar de olhos: "Mas se algum dia ficarem bons de saúde e puderem segurar um anzol, então os nossos críticos poderão ensinar-lhes como se pesca!".

Certa vez, quando conversávamos sobre isso, se seria correto prestar tanta ajuda sem qualquer retribuição, Madre Teresa disse: "Muitas pessoas dizem: 'Madre Teresa, a senhora estraga os pobres com mimos, porque lhes dá tudo de graça'. Mas ninguém nos estraga mais com mimos do que o próprio Deus. Veja: o senhor tem bons olhos e consegue ler. Como seria se Deus lhe exigisse dinheiro por ter-lhe dado olhos? Repare como o sol brilha lá fora. Como seria se Deus nos dissesse 'Agora vocês têm de trabalhar cinco horas por dia para receber duas horas de sol'?. Uma vez disse a uma Irmã: há muitas congregações que estragam os ricos com mimos; então, por certo não fará nenhum mal se algumas estragarem os pobres com mimos".

CAPÍTULO 6

Os "negócios" de Madre Teresa

Certa vez, quando fazíamos uma escala de avião, pernoitamos na casa das Irmãs em Miami, nos Estados Unidos. À porta estava um homem num carro, à espera de alguma coisa. Cumprimentei-o e ele me contou a seguinte história: não pertencia a nenhuma igreja e era arquiteto de profissão. Sua esposa tinha conhecido as Irmãs logo que elas chegaram a Miami. Ela tinha bom coração e as ajudava na cozinha, com os pobres e onde fosse necessário. Ele não se importava mas, em todo caso, passava para buscá-la depois do trabalho.

Um dia, estava à espera da esposa – assim como naquele dia em que me contava a história. Foi então que ela saiu da cozinha, na companhia de uma freira, baixinha e já de certa idade, e o apresentou a Madre Teresa.

Madre Teresa agradeceu-lhe efusivamente por ele consentir que a esposa ajudasse as Irmãs. Depois perguntou-lhe que profissão tinha.

"Trabalho como arquiteto."

"Oh, que bom, então com certeza pode fazer-me umas fotocópias."

"Com todo o gosto. O que tenho de fotocopiar?"

Madre Teresa apresentou um pequeno cartão de visita, onde se lia:

> *O fruto do silêncio é a oração.*
> *O fruto da oração é a fé.*
> *O fruto da fé é o amor.*
> *O fruto do amor é o serviço.*
> *O fruto do serviço é a paz.*

Madre Teresa leu o texto bem devagar para ele. "Pode fazer umas cópias disto?"

"Sim, claro, com todo o gosto. De quantas precisa? Dez, vinte?"

Ao que Madre Teresa respondeu: "Trinta mil, por favor".

Quando lhe perguntei se as fez, o arquiteto riu: "Sim, sim, fiz uma boa quantidade delas. E, além disso, desde então, já construí duas casas para Madre Teresa: um lar de idosos e uma casa para as Irmãs".

Do pedido de fotocópias nasceu uma amizade para o resto da vida. E, além disso, o simpático e prestativo arquiteto acabou por reencontrar a fé.

Foi um abastado comerciante indiano, um hindu que queria oferecer algo às Irmãs, quem deu a Madre Teresa a ideia daquele "cartão de visita" tão peculiar. Para que Madre Teresa soubesse quem ele era e em que ramo negociava, entregou-lhe um cartão de visita. Madre Teresa observou-o longamente e depois disse: "Esta é uma ideia maravilhosa!".

Muitos dos presentes devem ter pensado que ela queria entrar naquele ramo. "O que é uma boa ideia?", perguntaram as Irmãs.

"Precisamos de um cartão destes também!", exclamou Madre Teresa.

Foi assim que surgiu o cartão de visita com o texto citado. No verso do cartão Madre Teresa escreveu: "Maria, Mãe de Jesus, sê agora minha Mãe".

Esse era o seu cartão de visita. O seu próprio nome não estava escrito em canto nenhum – apenas o seu "negócio".

* * *

Certa vez, no norte da Alemanha, a família Kolping entregou um generoso cheque a Madre Teresa para a sua obra. Como muitas outras vezes, organizou-se, por conta da ocasião, uma grande refeição. Madre Teresa nunca fez questão de tais recepções, simplesmente as suportava. Durante o evento, alguém se insurgiu, dizendo que era um absurdo que, no final, se tivesse de jogar fora tudo o que sobrasse. Madre Teresa ficou muito chocada e quis saber o porquê. Explicaram-lhe que era por causa das normas de higiene. O assunto tornou-se desde então uma preocupação para ela. E, mesmo que não tenha conseguido alterar tal lei, pelo menos pôs muita gente para pensar.

Dessa recepção seguia-se num helicóptero que o chanceler Helmut Kohl tinha colocado à disposição. O Bispo Hnilica, Madre Teresa, duas Irmãs da Ordem e eu rezávamos, no meio do barulho estrepitante das hélices, a Oração das Horas da Igreja.

Rezar o rosário, a seguir, foi mais fácil, pois o barulho do helicóptero acompanhava bem o ritmo da oração.

Assim que o rosário chegou ao fim, o seu lado maternal logo se revelou. Madre Teresa pegou o saco, tirou de lá de dentro um adorno de boas-vindas indiano, como o que se oferece aos convidados, e pendurou-o no pescoço do bispo: "Isto é para o bispo, porque as cores da Igreja ficam muito bem com o cíngulo". Depois tirou pão, sanduíches, frutas e doces do saco. Quando lhe perguntamos, surpreendidos, onde é que ela tinha arranjado tão maravilhosas dádivas, ela disse apenas: "Mas é óbvio. A recepção foi feita para mim por isso trouxe tudo o que podia trazer".

Uma das companhias aéreas com que Madre Teresa viajava era a Pan Am. Lá ela era tratada com muito carinho. Não importava que a passagem fosse de classe econômica ou até que não tivesse comprado a própria passagem, normalmente Madre Teresa voava de primeira classe na Pan Am. Muitas vezes, nos aeroportos, era-lhe garantido um tratamento VIP, isto é, as comissárias de bordo a acompanhavam na saída do avião e a levavam diretamente para a sala VIP. Depois levavam-lhe a bagagem e tratavam das formalidades alfandegárias. Nesse meio-tempo, Madre Teresa podia esperar na sala. Este tratamento privilegiado era também concedido aos acompanhantes de Madre Teresa – uma comodidade a que, infelizmente, uma pessoa se habitua muito depressa.

No princípio, eu ficava admirado por Madre Teresa nunca se opor ou impedir tal tratamento especial da parte da tripulação. Pelo contrário, tínhamos a impressão de que aceitava isso sem resistência. Mas, quando este tratamento especial não era possível em qualquer outra companhia aérea ou quando o pessoal não sabia exatamente quem era Madre Teresa, eu sempre sentia a falta, enquanto ela parecia nem reparar.

No primeiro voo em que tive de acompanhar Madre Teresa, ainda não tinha bem a certeza de qual seria o meu papel. Muitos viajantes vinham perguntar-me se podiam falar por um instante com Madre Teresa. Uma comissária de bordo perguntou: "Padre, o senhor acha que posso falar com Madre Teresa? É a quarta vez que tenho a alegria de poder acompanhá-la num voo". Respondi: "Para mim, é a primeira viagem com Madre Teresa. Portanto, a senhora conhece Madre Teresa melhor do que eu". Poucos minutos depois a comissária de bordo estava à beira das lágrimas quando Madre Teresa lhe perguntou se a filha tinha conseguido emprego, dando-lhe uma medalha milagrosa, para ela e para a filha.

Entretanto, também Madre Teresa tinha os seus desejos: "Por favor, não se esqueça de dar o que sobrar para os mais pobres dos pobres quando sairmos". De fato, ao sairmos levaram para a sala VIP pelo menos oito sacos com sanduíches e chocolates, cuidadosamente embrulhados e acondicionados, entregues à Madre Teresa para os pobres. A comissária de bordo nem dos talheres de plástico se esqueceu.

Durante o voo, a comissária de bordo deve ter informado o comandante de quem ia na primeira classe, pois o copiloto veio cumprimentar Madre Teresa. Porém, como ela tinha adormecido, passou por ela sem fazer barulho, tirou o quepe e comunicou aos outros passageiros que Madre Teresa estava a bordo. Quem quisesse fazer um donativo para os seus pobres podia fazê-lo naquele momento. Percorreu o avião todo e, ao voltar, trazia mais de seiscentos dólares americanos no quepe.

Sim, o Senhor dá o que é nosso enquanto dormimos!

Mais tarde, continuei a comprovar que outros passageiros, sem nada dizer, lhe deixavam um donativo no lugar ou faziam a coleta enquanto ela dormia. Um dia, quando acordou e uma das Irmãs lhe entregou uma grande quantia em dinheiro que tinha sido coletada enquanto ela dormia, Madre Teresa disse, toda contente: "Irmã, acho que tenho de fazer isso mais vezes".

Mas, em geral, ela pouco dormia durante os voos. Preferia rezar: o breviário, a Oração das Horas e, depois, o rosário. Por fim, tirava sempre do saco um grande maço de papéis, colocava-os na mesinha diante de si e simplesmente recomeçava a escrever a partir do ponto em que tinha parado da última vez. De vez em quando dormia, pois muitas vezes passava mal à noite ou estava muito cansada por causa dos fusos horários. Mas assim que acordava continuava a escrever.

Ao final, foram encontradas mais de cinco mil cartas que ela escreveu a diferentes grupos de pessoas: crianças, políticos, famílias, ordens religiosas. A sua própria disciplina não conhecia horas mortas, não lhe permitia qualquer desperdício de tempo e, assim, enquanto nós, os acompanhantes, dormíamos ou líamos alguma coisa, ela estava sempre trabalhando e oferecendo consolo e conselho às pessoas através das suas cartas.

Hillary Clinton, no tempo em que era Primeira-dama dos Estados Unidos, disse que, quando voltava das suas viagens, encontrava sempre pilhas de "correspondências hostis", cartas carregadas de ódio, em cima de sua mesa de trabalho, mas também encontrava sempre um postal, uma breve saudação, uma "correspondência afetuosa". Esta "correspondência afetuosa" era muitas vezes de Madre Teresa.

Sim, também isso fazia parte dos "negócios" de Madre Teresa! Certa vez estávamos em Moscou, na ainda União Soviética. Na rua, quando íamos, às pressas, de um compromisso para outro, subitamente percebemos que em lado algum se viam rostos felizes, mas apenas fisionomias tristes, deprimidas ou amedrontadas. Chamamos a atenção de Madre Teresa e ela respondeu: "Pois aqui é fácil perceber que cada vez que sorrimos a alguém isso é um ato de amor. É uma dádiva para essas pessoas. É algo de magnífico".

* * *

A casa das Irmãs em Zagreb (atualmente capital da Croácia) não existia há muito tempo, quando, numa escala, vinda de Munique, Madre Teresa quis visitar as Irmãs e tratar dos seus direitos. A Iugoslávia de Tito ainda não se desagregara e o domínio comunista se mantinha bem firme com os controles centralizados, escassez de bens de consumo e tramoias burocráticas.

Como muitas vezes acontecia, a etapa seguinte da nossa viagem ainda não estava bem planejada. Era possível que prosseguíssemos para Varsóvia, capital da Polônia. Então, na manhã da partida, desci do monte Kaptol, onde ficava a comunidade das Irmãs de Zagreb, até a parte velha da cidade a fim de comprar duas passagens de avião para Varsóvia. A paciência não era, de fato, uma das minhas virtudes, e foi um enorme sacrifício ter de ficar numa fila durante uma hora e meia até conseguir as passagens, por volta das dez horas.

Assim que voltei ao Kaptol, Madre Teresa chamou-me, dizendo: "Padre, lamento muito, mas não vamos mais para Varsóvia. Temos de voltar a Munique. Pode ver se ainda consegue trocar as passagens, por favor?". Lá fui eu, de volta à cidade, e fiquei mais quarenta minutos à espera numa fila enorme. Ainda antes do almoço consegui, finalmente, trocar as passagens. Com elas na mão, apareci de novo junto das Irmãs, que já estavam na oração do meio-dia.

Depois da oração, quando as Irmãs saíram da capela, encontrei a madre superiora e murmurei-lhe: "É verdadeiramente horrível esta confusão de planos!". Ela sorriu: "Mas padre, então o senhor não sabe o que as letras MC que vêm após o nosso nome querem dizer de verdade?"

"Não, o que é?"

Ela explicou: "Não só 'Missionárias da Caridade', mas também 'muita confusão'!".

O meu equilíbrio espiritual foi de algum modo restabelecido por causa do bom humor da Irmã. Nessa altura Madre Teresa ia passando e disse: "Padre, lamento muito, mas temos de ir mesmo para Varsóvia! Ainda podemos trocar as passagens?".

Tive de voltar mais uma vez ao centro da cidade, esperar na fila, mendigar e engolir comentários sarcásticos. Como que por milagre, consegui voltar antes da três da tarde, a tempo de ir para o aeroporto. O avião devia decolar pouco depois das dezessete horas. Ao mesmo tempo, sentia-me um pouco orgulhoso por ter feito a troca sem perder dinheiro, mas um pouco enervado por causa da "muita confusão".

Quando finalmente me sentei ao lado de Madre Teresa no avião, não consegui conter uma observação maliciosa: "Madre

Teresa, aprendi hoje o que as letras MC significam na realidade: não 'Missionária da Caridade', mas 'muita confusão".

Com um sorriso indescritivelmente encantador, Madre Teresa virou-se para mim e disse: "E sabe o que mais querem dizer? Também querem dizer: 'mais confusão', 'maluco da cabeça', 'mudança constante'...".

Enumerou mais alguns significados de que já não me lembro hoje. Com uma piscadela de olho, ela conseguiu fazer derreter toda a minha cólera em relação à falta de organização e ao mau planejamento.

A falta de planejamento ou de pontualidade pode também ser vista como uma pequena liberdade, como mostra o seguinte episódio. Durante uma viagem da estação de Hobarth, a maior estação de Calcutá, para a aldeia de leprosos Shanti Nagar, que Madre Teresa fundara, tivemos de esperar três horas no trem. Uma esplêndida ocasião para nós, acompanhantes, em primeiro lugar rezarmos com Madre Teresa e depois conversarmos com ela na plataforma da estação.

A nossa conversa era interrompida por muitas mulheres e muitos homens que reconheciam Madre Teresa e lhe pediam a bênção. Contaram-me que a visita ao Japão correu de forma bastante diferente: Madre Teresa teve de viajar de Tóquio para Osaka em trem de grande velocidade. Ao contrário de Calcutá, no Japão tudo funcionava perfeitamente. "É maravilhoso", disse Madre Teresa, "o trem chegou pontualmente e os assentos são muito confortáveis". Depois, com ar de quem quer dar uma explicação, acrescentou: "Mas tenho pena dos japoneses. Não podem chegar atrasados, nem sequer um segundo".

CAPÍTULO 7

Fale de Jesus!

Uma das casas das "Missionárias da Caridade" em Viena, na Áustria, estava sendo reconstruída, quando Madre Teresa veio me encontrar uma noite e me perguntou se eu estava preparado para orientar o retiro das Irmãs. Eu tinha acabado de ser ordenado padre e isso era, naturalmente, uma grande honra. Nessa época eu já tinha a noção de que Madre Teresa era muito seletiva quando incumbia algum padre de orientar o retiro das Irmãs. Para ela era muito importante que as Irmãs recebessem uma formação católica simples, mas sólida, e que esta se reforçasse e aprofundasse nelas.

Muito consciente de tal honra, perguntei, um pouco constrangido: "Com muito gosto. E então, quando é se vai realizar o retiro?".

"Amanhã!", foi a resposta seca.

Foi aí que ela me apanhou desprevenido. Eu nunca tinha feito tal coisa.

"Mas, Madre, nunca fiz isso! Do que haverei de falar?", foi a minha atônita objeção.

"Fale de Jesus! Do que haveria de ser?"

Reparei, com o tempo, que era o que ela dizia sempre aos padres: só tinham de falar de Jesus, portanto descrever como eles mesmos chegaram a Jesus na fé.

Então era sobre isso que eu tinha de preparar quatro palestras diárias de quarenta e cinco minutos? Não me sentia capaz. Mas depois pensei comigo: se Madre Teresa me dá tal incumbência, então o Espírito Santo também há de ajudar.

Comecei a estudar livros, li em tempo recorde os retiros de Santo Inácio, e depois, ainda na mesma noite, o Espírito Santo me pôs nas mãos uma série de fitas cassete do Padre Hans Buob sobre a Santa Missa. Até as três da manhã anotei excertos das fitas e os traduzi para o inglês.

No dia seguinte, com base nesses apontamentos, preparei as minhas palestras, divididas em quatro seções e ilustradas com as minhas próprias histórias, tal como me ocorriam no momento. E assim foi todos os dias. À noite ia para casa às pressas, sentava-me logo diante do aparelho de som e registrava excertos da fita seguinte. Oito fitas cassete para oito dias de retiro – pois os retiros das Irmãs sempre duram exatamente oito dias! Foi um enorme êxito. Ainda hoje há Irmãs que me dizem ter conseguido compreender maravilhosamente bem as minhas conferências de então. Não há dúvida: o Espírito Santo trabalhou a meu serviço e a serviço do Padre Buob.

Nos primeiros dias, e isso devia ser característico, a própria Madre Teresa esteve presente. Depois, por causa de outras obrigações, teve de ir embora, mas ainda hoje estou convencido de que ela queria observar este principiante de perto. Ela queria saber o que os padres transmitiam às suas Irmãs. Naturalmente, isso me deixava muito nervoso.

Mais tarde, continuei a orientar o retiro das Irmãs de Madre Teresa. Certa vez, perguntei a uma madre provincial se havia algum tema que fosse importante para as suas Irmãs e que eu devesse mencionar. Para minha surpresa, ela respondeu: "Como se lida com padres doidos?". Pelo visto, isso era uma experiência importante na vida das Irmãs: lidar com padres que inventavam as suas próprias orações, até os que tinham todos os problemas possíveis na sua vida pessoal.

Muitos padres apreciavam que Madre Teresa os tratasse sempre com muito respeito e – em comparação com os voluntários ou até com as suas Irmãs – lhes desse especial atenção. Na hora da refeição, na distribuição dos lugares, nos períodos de repouso ou outras mordomias, ela era sempre uma mãe preocupada em relação aos padres. Por que razão tinha, por assim dizer, uma "fraqueza" só pelos padres?

Um motivo principal possivelmente esteja contido na resposta que Madre Teresa deu a um jornalista que lhe perguntou qual o segredo do seu sucesso em todo o mundo: "Todos os dias, de manhã, recebo a Sagrada Eucaristia". Este devia ser o motivo para querer sempre um padre por perto, e também para os cuidados especiais que ela concedia aos padres.

Pelo mesmo motivo exigia, de um bispo que convidasse as Irmãs para a sua diocese, três garantias por escrito: o direito a poder ter e expor o Sacrário na capela, a nomeação de um padre para a Santa Missa diária e a autorização para pedir esmola na diocese.

* * *

Madre Teresa era uma missionária de corpo e alma que, em tudo e em cada um, via operar a onipotência de Deus e o amor de Jesus. Ao mesmo tempo, porém, ela também ficava assombrada e buscava, de olhos abertos, a realidade e a magnificência de Deus. Lembro-me de um voo que fizemos juntos num grande helicóptero, para Praga, na República Checa. O tempo estava esplêndido. Pediu-se ao piloto que, por causa dos problemas de coração que cada vez mais incomodavam Madre Teresa, voasse o mais baixo possível. Para meu grande regozijo, ele voou de fato a tão pouca altitude que podíamos observar nitidamente a paisagem por baixo de nós. As copas das árvores pareciam, muitas vezes, estar ao nosso alcance e tive a impressão de que muitos caminhos florestais serviam de atalhos ao piloto. Soube depois que ele havia sido aviador durante a guerra e era considerado um dos pilotos mais experientes. Madre Teresa ia à janela olhando para baixo, visivelmente absorta em Deus e na admiração da bela paisagem. Via-se, com grande nitidez, cada fazenda, cada plantação, cada estrada, cada árvore.

De repente, virou-se para mim e disse: "Olhe, Padre!". E após uma pausa: "É fácil entender a beleza de Deus. Olhe para baixo! Também é fácil entender a sua onipotência. Foi ele que criou tudo isto. Mas é difícil entender a humildade de Deus". Manifestei a minha concordância num murmúrio, mas à "humildade de Deus" eu não conseguia chegar, mesmo com a melhor das boas vontades.

Entretanto, passaram-se anos. Tal expressão, "humildade de Deus", desde então nunca mais me abandonou. Sim, ver o mundo a partir da humildade de Deus era algo completamente novo. Ele é, de fato, Todo-poderoso, mas ele não nos impõe o seu poder, antes o retira. Pela nossa liberdade, por causa do seu amor por nós, Deus prescinde de usar o seu poder. Mais ainda: ele fica indefeso, como o menino na manjedoura e como sofredor. Indefeso até a ignomínia da morte na cruz. Deus não impõe o Bem, toma para si a nossa maldade em forma de sofrimento, porque sem a nossa liberdade também não pode existir verdadeiro amor. Só quando somos livres a ponto de podermos nos colocar contra Deus é que a nossa disponibilidade para o seu serviço tem valor. A humildade de Deus dá espaço à nossa liberdade.

Após tomarem a Sagrada Eucaristia e terminada a missa, as Irmãs, em todas as comunidades, rezam sempre uma série de orações, que Madre Teresa não só escolheu como também rezava em voz alta e clara.

Uma dessas orações, da autoria do Cardeal Newman, diz o seguinte:

Ó Jesus,
ajuda-nos a difundir a tua fragância
por onde quer que formos.
Inunda a nossa alma com o teu espírito
e com a tua vida.
Penetra em nós, apodera-te
do nosso ser de modo tão completo
que toda a nossa vida seja uma irradiação da tua.
Ilumina por nosso intermédio cada alma
e toma posse de nós de tal modo
que cada alma de que nos aproximemos
possa sentir a tua presença na nossa alma.

*Faz com que, ao ver-nos,
não nos vejamos, mas a ti.
Fica conosco.
A nossa luz virá toda de ti, Senhor,
e nem sequer um raiozinho será nosso.
Serás tu a iluminar os outros por meio de nós.
Sugere-nos o louvor que mais te agrada,
iluminando outros à nossa volta.
Que não te preguemos com palavras,
mas com o nosso exemplo,
com a influência das nossas ações,
com o fulgor visível do amor
que o nosso coração recebe de ti.
Amém.*

Para Madre Teresa, era central a ideia de que Jesus resplandecia a partir de nós, irradiava através de nós, sem palavras.

Recordo-me de um incidente numa das casas das Irmãs, em Roma, na Itália: um mendigo embriagado cambaleou até a porta e, a fim de se manter mais ou menos de pé, apoiou-se no sino durante muito tempo. Quando uma Irmã acorreu às pressas, ele disse com aspereza: "Irmã, tenho fome, me dê algo para comer! Estou esperando aqui faz uma eternidade! O que faz o dia todo, enquanto eu fico aqui esperando tanto tempo? Vá logo, vá buscar qualquer coisa para mim!".

A hora do atendimento há muito tinha passado, mas a Irmã deu meia-volta e foi à cozinha a fim de lhe preparar alguma coisa. Enquanto lhe preparava a comida, ocorreu-lhe uma ideia: colocou uma barra de chocolate na marmita. E assim a levou ao mendigo embriagado. Ele pegou a marmita e ainda murmurou qualquer coisa como "Demorou, hein?!" e foi, cambaleando, até uma árvore próxima. Depois, abriu a marmita e fitou-a durante muito tempo. Por cima de tudo estava o chocolate.

De repente, ficou sóbrio, levantou-se e voltou à casa das Irmãs, agora cambaleando muito menos. Tocou o sino, agora durante pouco tempo. Uma outra Irmã abriu-lhe a porta. Delicadamente, o mendigo andrajoso perguntou se não podia ver por um instante a Irmã que lhe tinha preparado a marmita. Foram buscá-la e, quando apareceu à porta, o mendigo, com seus olhos cansados, olhou para ela e disse: "Irmã, agora me conte alguma coisa sobre o seu Jesus, por favor!".

O que a barra de chocolate teria, de súbito, mostrado ao homem? Talvez uma centelha daquela misericórdia divina que, uma vez admitida no nosso cotidiano, pode mostrar Jesus aos outros, porque ele mesmo é esta misericórdia divina. Madre Teresa diria: "A misericórdia de Deus não é mais do que Jesus que vive em nós. A santidade não é mais do que este Jesus que vive em você".

Santa Teresa de Lisieux, uma das santas preferidas de Madre Teresa e que ela elegera como padroeira pessoal ao escolher o nome da sua Ordem, dizia também: "Quando sou carinhosa, é apenas Jesus que trabalha em mim, e quanto mais me uno a ele mais amo também as minhas Irmãs". No caso de Madre Teresa, Jesus estava ao nosso alcance.

* * *

Sobretudo quando havia crianças presentes, Madre Teresa aproveitava a oportunidade para, com os cinco dedos de uma mão, explicar em que consistia o cerne do Evangelho, nomeadamente o fato de Jesus se identificar com os nossos irmãos, os mais pobres dos pobres. Na sentença do Juízo Final, o próprio Jesus diz: "Tudo o que fizestes ao mais pequeno dos meus irmãos, foi a mim que o fizestes". Nesse momento Madre Teresa levantava a mão de uma criança e, proferindo "Foi a mim que o fizestes", esticava um dedo da mão.

Então fazia as crianças repetirem: "Foi a mim que o fizestes". Esta pedagogia de uma mão prosseguia a duas mãos: "Eu quero e hei de ser santo – com a ajuda de Deus". Isto se podia contar com os dedos das duas mãos.

Cada voluntário ou colaborador que viesse para Calcutá logo ouvia a história do ministro indiano que um dia disse a Madre Teresa: "A senhora e eu, ambos prestamos serviço social, mas existe uma grande diferença entre a senhora e nós. Nós o fazemos por alguma coisa, e a senhora o faz por alguém".

Madre Teresa costumava comentar essa história da seguinte forma: "Tenho certeza de que ele sabia quem era esse 'alguém'".

Quando um dia lhe perguntaram em público se ela era casada, Madre Teresa respondeu: "Sim, sou casada com Jesus, mas muitas vezes acho que não é fácil sorrir-lhe. Ele consegue ser muito exigente". No entanto, Madre Teresa sempre lhe sorriu. Talvez pensasse naquela regra que ela passou às Irmãs: "Quando não há nada de que sorrir, então sorria!".

Pertencer a Jesus, contudo, significava, para Madre Teresa, estar a serviço da atuação de Deus no mundo, de forma muito concreta e compromissada, poder ser usada por ele para os seus desígnios. Com as capacidades de cada um, devemos estar disponíveis para a obra de Deus, assim pensava Madre Teresa. Se confiarmos plenamente nele e na sua orientação, então conseguir-se-á alguma coisa – pelo menos, "não estragar a sua obra".

Certa vez disse-me isso diretamente. Quando estava em Viena, em 1986, a *Österreichischer Rundfunk* (ORF, Radiodifusão Austríaca) – empresa de rádio e televisão austríaca, com sede em Viena – teve a ideia de realizar uma entrevista televisiva comigo e Madre Teresa. Claro que, por ser amador, eu me sentia muito nervoso, pois nunca antes havia estado num estúdio de gravação. Madre Teresa sentiu isso: "Padre, por que você está tão nervoso? A nossa vida não pertence inteiramente a Deus?".

"Sim, claro", respondi, um pouco envergonhado.

"Pois então, só temos de deixá-lo atuar." E depois de uma pequena pausa: "A única coisa que temos de fazer é rezar para não estragarmos a obra dele. A obra dele".

CAPÍTULO 8

Fazer pequenas coisas com grande amor

Só na presença de Madre Teresa é que muitas pessoas tomavam consciência de quão poucas coisas são realmente necessárias na nossa vida e de como se pode levar um estilo de vida simples com bem pouco. Começava com o vestuário: nos lugares em que estava gasto, o sari de Madre Teresa era costurado, remendado, cerzido, vezes sem conta. Muitas vezes as Irmãs escondiam os saris de Madre Teresa ainda não completamente estragados numa arca, sem que ela, enquanto madre superiora, fosse informada – em uma ação naturalmente bastante astuta – como material para posteriores relíquias.

De vez em quando Madre Teresa descobria a arca e queria saber o que se passava com aqueles saris. O plano das Irmãs vinha à luz – e os saris, por ordem de Madre Teresa, eram novamente colocados em uso. Será que a coleta acabava assim, ou começava de novo?

A tudo que Madre Teresa recebia de presente era dado destino tão depressa quanto possível. Tudo pertencia sempre aos pobres, aos necessitados ou simplesmente às pessoas que, do seu ponto de vista, precisavam no momento de um pequeno sinal de amor. Quem lhe oferecia valiosos bens de família para que ela os colocasse junto dos santos enganava-se e, muitas vezes, ficava desiludido. Madre Teresa era perita em passar adiante os presentes. Daí lhe adveio a percepção de que a completa falta de bens é também uma forma de liberdade e, por isso, só permanecia o que ela não podia utilizar imediatamente.

Foi o que deve ter entendido um americano muito rico que, a propósito de um testemunho de vida de que Madre Teresa mencionara, impressionado e espontaneamente, quis oferecer-lhe uma casa enorme. Madre Teresa quis saber onde ficava a casa e se na região existiam os mais pobres dos pobres. Ao saber que se tratava de um bairro elegante e que a casa era muito grande, ela achou que não tinha serventia a dar a tal casa. Agradeceu, mas declinou a oferta. O generoso industrial não se deixou dissuadir assim tão facilmente do seu intento e disse que Madre Teresa podia aceitar a casa e utilizá-la mais tarde. Madre Teresa pensou um instante e depois respondeu: "Aquilo que não posso utilizar no presente se torna um fardo". E após uma breve pausa: "Se eu precisar de alguma coisa mais tarde, então Deus também há de me ajudar mais tarde".

"Não se trata de quanto damos. Trata-se de quanto amor colocamos nessa doação." Eu já conhecia tal frase de Madre Teresa havia tempo e achei-a ainda mais bonita e verdadeira quando Padre Pascual Cervera, o responsável do movimento Corpus Christi – uma associação de padres de todo o mundo fundada por Madre Teresa – me abriu uma nova perspectiva com poucas palavras: "Não se importa de levar estas cinco imagenzinhas para uns amigos meus em Viena? Madre Teresa sempre teve o desejo de dar ou oferecer uma pequena lembrança a quem ela conhecesse". E assim, no final do nosso retiro de padres em Ars, na França, confiou-me algumas imagens de bastante mau gosto que ele tinha comprado numa loja de recordações e nas quais tinha rabiscado umas palavras de saudação. Lembrei-me, então: sim, sempre que possível, Madre Teresa oferecia também tudo o que tivesse em mãos.

Guardo uma quantidade imensa de "dádivas" oferecidas por ela, tais como pequenas imagens de santos completamente desconhecidos para mim, um lindo cachecol de lã que me colocou no pescoço nas montanhas da Índia Central enquanto ela própria enregelava, recipientes de água benta e estatuetas de Nossa Senhora, do tamanho de uma mão e florescentes de noite, que, em grande número, ela conseguia tirar do seu saco. Usando cola, fixava tais estatuetas no para-brisa do carro que me acompanhava durante muitos anos. Se eu de vez em quando não me opusesse, hoje seria dono de um jogo de xícaras de chá checas, de peças variadas em crochê, de um carrinho de mão e muitas outras coisas úteis.

Não menos importantes eram as medalhas milagrosas. Segundo as suas próprias palavras, Madre Teresa tinha oferecido pelo menos umas quarenta mil. Essas medalhas remontam ao ano de 1830, data de uma aparição de Nossa Senhora à Irmã Catarina Labouré, pelas quais Maria prometia grandes graças a quem as usasse com fé.

Quando penso em como Madre Teresa gostava e insistia em dar algo a quem encontrava, lembro de uma frase central da liturgia do matrimônio: "Recebe esta aliança como sinal do meu amor e da minha fidelidade. Em nome do Pai e do Filho e do Espírito Santo".

Devia passar-se o mesmo com ela. Por menor que fosse, o presente era um sinal do seu amor a quem o oferecia. Era precisamente com as pequenas ofertas que ela conseguia penetrar na couraça do nosso isolamento e egoísmo. Ela, de fato, tinha "quebrado" muita gente! Também o calor das suas mãos, que sempre apertavam por uns instantes as mãos de quem recebia uma medalha, transmitia uma mensagem do seu amor, uma clara partilha.

* * *

Uma dessas "quebras de couraça", que antes me inquietavam, vivi com Madre Teresa na Nicarágua, então governada por um regime ditatorial de inspiração marxista sob o comando do líder sandinista Daniel Ortega. Madre Teresa pediu uma oportunidade de se encontrar com o ditador a fim de obter autorização para fundar uma comunidade das Missionárias da Caridade. O encontro foi marcado. Fomos conduzidos a uma sala sem janelas com uma mesa grande, assentada em um estrado mais elevado, atrás da qual estavam sentados quatro homens encapuzados e portando grandes pistolas automáticas.

No meio dos homens estava sentado Daniel Ortega. Fez aos seus três visitantes – Madre Teresa, uma Irmã e eu – um discurso inflamado de meia hora justificando sua luta de guerrilha e sobre o caráter diabólico do seu opositor. Quando finalmente terminou, tremendo de fúria, fez-se um silêncio constrangedor. Madre Teresa quebrou-o com uma simples frase: "Sim, sim, as obras do amor são obras da paz".

A tensão subiu, pois não havia ninguém que quisesse traduzir para espanhol a frase proferida em inglês. Foi a Irmã presente quem, embora com voz trêmula, cumpriu a ingrata tarefa. Não era só um ar asfixiante que pairava na sala, havia também uma tensão perigosa no ar.

De repente, e sem esperar qualquer reação do ditador à sua frase, Madre Teresa levantou-se, avançou e aproximou-se do alto estrado. E, enquanto rebuscava dentro do saco, perguntou ao ditador: "O senhor tem filhos?".

Visivelmente embaraçado, sem compreender o sentido da pergunta, ele respondeu: "Tenho".

"Quantos?"

"Sete."

Então Madre Teresa tirou, uma atrás da outra, sete medalhas de dentro do saco, beijou cada uma delas e esticou-se o quanto pôde para o estrado, onde Ortega as recebeu – cada uma delas, bem entendido –, debruçando-se sobre o estrado a fim de alcançar a mão de Madre Teresa com a pequena oferta.

"O senhor tem esposa?"

"Tenho!"

Retirou mais uma medalha do saco, que foi beijada e entregue.

"E aqui está uma para o senhor!", disse Madre Teresa, concluindo a sua distribuição. "Vai precisar dela! Mas tem de usá-la no pescoço, assim..."

Madre Teresa apontava para um fio no pescoço do ditador e, com gestos, explicava-lhe onde devia pendurar a medalha.

De repente, o ambiente mudara, e Madre Teresa ofereceu ao ditador mais um presente: cinco das suas Irmãs para cuidarem dos mais pobres dos pobres nos bairros degradados da capital! Logo no dia seguinte foi comunicada a autorização para a fundação da primeira comunidade das Missionárias da Caridade.

A congregação aprendeu que a doação é um sinal de amor. Anos mais tarde, quando as Irmãs que trabalhavam em Viena me deram um pacote "importante", bem amarrado, para eu levar para Nova York, nos Estados Unidos, percebi como elas se tinham apropriado do exemplo da sua fundadora. Estava escrito no pacote, com letra bem desenhada: "Para as Irmãs em Nova York – de Viena, com amor". Descobri, na entrega em Nova York, que o conteúdo desse importante pacote consistia em bombons.

Uma semanas depois, na minha viagem de regresso a Viena, que passava por Washington, voltei a receber, na capital americana, um pacote importante, desta vez "dirigido às Irmãs em Viena...". Quando as Irmãs o receberam, agradecidas, nem queria acreditar no que os meus olhos viam: tratava-se da mesma caixa de bombons que eu havia levado de Viena para Nova York! Provavelmente, seguiu viagem para Washington "com amor", atravessando depois o oceano "de Washington para Viena, com amor". Ficou claro para mim que o presente não eram os bombons. O presente era o amor.

Dado que na casa-mãe, em Calcutá, só se dispunha de um padre para trezentas religiosas, Madre Teresa e algumas Irmãs tinham autorização para ajudarem na Eucaristia. Sempre que prestava esse serviço durante uma missa, ela fazia depois – como de costume – a sua meditação de quinze minutos pelos voluntários. "Hoje ajudei a repartir o Corpo de Cristo. Segurei a hóstia com dois dedos e pensei: como Jesus se fez pequenino para nos mostrar que não espera grandes coisas de nós, mas pequenas coisas com grande amor."

* * *

Continuo a guardar uma barra de chocolate enorme que Madre Teresa me enviou quando eu estava na Armênia, em 1989, como presente de Páscoa. Na parte de cima está escrito "Deus o abençoe! Madre Teresa". Não comi o chocolate até hoje. É possível que o chocolate venha a desfazer-se em pó dentro da embalagem, mas, por outro lado, resplandece, inalterado, o amor de uma das pessoas mais extraordinárias. "Não se trata de quanto doamos. Trata-se de quanto amor colocamos nessa doação."

A constante atenção de Madre Teresa por seus semelhantes era uma consequência do seu lema: "Deixe que o seu amor se transforme em ação". Pude muitas vezes usufruir dessa atenção, como, por exemplo, na viagem de regresso de uma universidade na Índia Central, onde Madre Teresa fora homenageada. Na ocasião, ela quis visitar duas das suas comunidades. A mídia local havia anunciado a visita de Madre Teresa. Na viagem de oito horas de volta a Madras (hoje Chennai), a estrada estava apinhada de gente que queria ver Madre Teresa e acenar-lhe, mesmo que por um breve instante. A viagem se arrastava, pois o grupo tinha de estar sempre parando para que os dignitários das aldeias pudessem cumprimentar Madre Teresa.

O sol queimava cruelmente. Faziam-se longos discursos. As pessoas se empurravam para tocar em Madre Teresa. Quando, por volta das onze horas da noite, chegamos na casa das Irmãs em Madras, eu estava verdadeiramente esgotado e desidratado. Como sempre, o primeiro caminho dentro de casa conduziu-nos à capela para uma breve e silenciosa ação de graças diante do Sacrário. Mesmo que pudesse ter um ar devoto, eu não conseguia me concentrar na "devoção" por causa da sede terrível que sentia. Só pensava em conseguir alguma coisa para beber rapidamente. De súbito, ouvi passos silenciosos atrás de mim. A um sinal de Madre Teresa, uma Irmã me trouxe um grande copo de água sobre um pequeno pires. Em silêncio, colocou-o a meus pés.

Desde então, penso nessa experiência quando leio, no evangelista Mateus: "Quem der, ainda que seja apenas um copo de água fresca, a um desses pequenos, por ser meu discípulo, em verdade vos digo: não ficará sem receber sua recompensa" (Mt 10,42). Houve ainda outra coisa que me ficou clara nesse dia: eu só pensava na minha própria sede; Madre Teresa, porém, pensava na nossa.

Mesmo depois da breve oração ela continuou a não pensar no seu bem-estar. Em vez disso, levou dois colchões, travesseiros, uma toalha de mão e um pedaço de sabão para a sacristia, para que pudéssemos ir logo dormir: "Agora descansem bem. Foi um dia muito cansativo para vocês".

À minha observação: "Madre Teresa, deve ter sido ainda mais cansativo para a senhora" respondeu apenas, em tom jovial e ao mesmo tempo sério: "Tudo por Jesus!". Com os seus 77 anos, ela era quase da mesma idade que nós, os seus dois acompanhantes, juntos.

Quando lhe perguntaram a idade, alguns anos depois, ela respondeu com ar travesso: "Por fora tenho 81; por dentro, 18".

É costume, em todas as casas das Missionárias da Caridade, oferecer o café da manhã ao padre depois da celebração da missa matinal. Era assim também em Calcutá. A própria Madre Teresa estava preocupada de o Bispo Hnilica, um padre eslovaco, uma jornalista também eslovaca e eu tomarmos o café da manhã logo após a missa numa mesa minúscula, numa sacristia muito estreita. Nas casas das Irmãs, a sacristia funcionava ao mesmo tempo como parlatório e sala de recepção. Possivelmente por causa do presença do bispo, Madre Teresa ordenou que, juntamente com o café da manhã, cada um de nós recebesse também um ovo estrelado. Diante das circunstâncias de Calcutá, isso era uma grande dádiva.

Mas reparei que nenhum dos outros três tocava no ovo estrelado. Certamente cada um teria motivos de saúde ou outras razões para isso. Para não magoar as Irmãs, e porque realmente gosto de ovos estrelados, "sacrifiquei-me" e comi os ovos estrelados dos outros. Na manhã seguinte, fui o único a celebrar a missa e voltei a receber o café da manhã na sacristia. O bispo e seus acompanhantes tinham outras obrigações. Não foi sem grande espanto que, ao afastar a rede mosquiteira do prato, vi quatro ovos estrelados! É claro que não tinha escapado à Irmã responsável pela sacristia o meu gosto por ovos estrelados, embora ela não estivesse presente. Durante a minha permanência em Calcutá recebi quatro ovos estrelados sempre que celebrava a Santa Missa de manhã na casa-mãe.

Uns quinze anos mais tarde orientei um retiro numa casa das Irmãs nos arredores de Varsóvia, na Polônia. Depois da missa matinal, como de costume, também me serviram o café da manhã na sacristia. Para minha grande surpresa: quatro ovos estrelados. Cresceu em mim uma suspeita que em breve se confirmou: a Irmã que havia tempo me servira em Calcutá tornara-se, nesse meio-tempo, a madre superiora daquela casa na Polônia. Lembrava-se do meu gosto por ovos estrelados. Mais tarde, recebi, em muitas partes do mundo, quatro ovos estrelados. Nas pequenas atenções reconhece-se um grande amor.

Além disso, aprendi que as Irmãs transmitem, de continente para continente, não só o seu amor umas às outras, mas também os seus conhecimentos ocultos.

Certa feita, Madre Teresa foi convidada pelo presidente da Câmara de Bonn, na Alemanha, para receber uma homenagem e fazer um discurso, sendo também convidada, bem como a sua comitiva, para um almoço, que fora preparado no grande e condigno salão nobre. Em consideração pelos mais pobres na Índia, que, na sua hospitalidade, ofereciam aos visitantes – incluindo as Irmãs quando vinham para ajudar – o seu último pedaço de pão ou uma mão cheia de arroz, Madre Teresa tinha instituído a norma de, por princípio, as Irmãs não poderem comer fora de casa, embora pudessem fazer um piquenique em viagem. Também aqui Madre Teresa não as isentou da norma, mas resolveu o dilema de outro modo: "Irmãs, desembrulhem o que trouxeram para comer. Vamos fazer um piquenique aqui!".

Foi assim que as Irmãs, no imponente salão nobre, partilharam o seu pão com os convidados presentes. O presidente da Câmara e todos os outros convidados receberam os pães que as Irmãs tinham trazido. A refeição se transformou, assim, num piquenique, e as Irmãs não precisaram desrespeitar a norma.

No voo seguinte, partindo de Bonn, Madre Teresa retirou do seu saco todas as coisas boas que ela, como de costume, tinha escondido, e distribuiu-as aos companheiros de viagem. Depois, tirou ainda um chocolate. É preciso que se saiba que Madre Teresa gostava muito mesmo de chocolate. Mas, ainda antes de partilhá-lo, levantou-se e foi até a cabine dos pilotos do avião. Pouco tempo depois, voltou e distribuiu o resto do chocolate. Depois da aterrissagem, os dois pilotos foram os primeiros a descer, colocando-se à direita e à esquerda da escada. Madre Teresa desceu, seguida pelos outros passageiros. Ao chegar ao fim da escada, junto dos pilotos, vi que um deles tinha lágrimas nos olhos. Perguntei-lhe se estava se sentindo mal, ao que ele respondeu: "Sabe, há vinte e cinco anos voo nesta companhia e transportei muitas personalidades importantes e famosas, mas nunca recebi nada de ninguém. Hoje, pela primeira vez, Madre Teresa ofereceu-me chocolate e uma medalha milagrosa".

Nos meses que tive de passar em Calcutá, fiz muitos vídeos e tirei fotografias para Madre Teresa, para as Irmãs e para os mais pobres dos pobres. Tinha comprado em Hong Kong, por conta de circunstâncias favoráveis do momento, um equipamento fotográfico bastante bom a fim de conseguir fotografias com qualidade de Madre Teresa e do seu trabalho. Ao voltar para Moscou, na União Soviética, não queria levar tais fotografias, porque receava que tudo fosse apreendido se encontrassem as fotografias na minha bagagem. Então pedi a Madre Teresa a gentileza de levar para Roma, na sua bagagem diplomática, uma caixa bem acondicionada, com todos os filmes e fotografias que tinha feito até aquele momento. Ela planejava ir para Roma três semanas depois. Aceitou a incumbência e a carga.

Confiei-lhe, então, a preciosa caixa, de onde provêm muitas das fotografias publicadas neste livro. Depois de empolgantes experiências em Moscou e uma boa viagem de regresso a Roma, lá acabamos por ir ao aeroporto todos juntos a fim de esperarmos Madre Teresa. Aguardava com alegria e excitação reaver a minha caixa com os filmes e as fotografias. Autorizaram-nos a ir à sala da retirada de bagagem e, lá, cumprimentar Madre Teresa. Esperamos, pois, pelas suas cinquenta e quatro caixas e caixotes. Cinquenta e três apareceram logo na esteira. Faltava apenas uma: a caixa com os filmes!

Minha preocupação era tão grande quanto minha desilusão. Insistia com Madre Teresa: "Temos de reclamar o extravio!". Os responsáveis do aeroporto tentavam acalmar-me: "Certamente a caixa há de chegar no voo da tarde proveniente de Bombaim". Madre Teresa me aconselhou a fazer uma promessa a Santo Antônio – conhecido como "santo das coisas perdidas". Seguindo o seu conselho, fiz a Santo Antônio a muito generosa promessa de cinquenta dólares americanos e, à tarde, voltei ao aeroporto. No entanto, a minha caixa continuava extraviada. Também não chegou no dia seguinte, nem no outro.

Os responsáveis do balcão de reclamações achavam que, uma vez que a caixa não tinha chegado no segundo dia, já não havia praticamente nenhuma esperança, pois o mais provável era ter sido roubada. Bastante desiludido, também com Santo Antônio, fui falar com Madre Teresa e partilhei minha mágoa. Ela se limitou a perguntar: "O que você prometeu a Santo Antônio?".

"O que a senhora me aconselhou: cinquenta dólares!"

"Está bem. Mas você tem de lhe prometer cinquenta dólares para o 'pão dos pobres'! A isso ele é particularmente sensível."

Fui logo prometer a Santo Antônio os cinquenta dólares para o "pão dos pobres", mas, ao mesmo tempo, pensei que a promessa por tão valiosos filmes talvez fosse magra demais – e aumentei a quantia para cem dólares.

Não se passaram duas horas quando voltei ao aeroporto. E surpresa: a caixa tinha chegado, para grande surpresa dos funcionários e minha também.

Uma questão fica, no entanto, por responder: o que terá motivado Santo Antônio a dar esse desfecho ao caso? O fato de eu lhe ter prometido dinheiro para o "pão dos pobres" ou o de ter aumentado a quantia de cinquenta para cem dólares?

* * *

Assim como fazia na catequese, também no seu discurso perante as Nações Unidas, em Nova York, Madre Teresa contou algumas histórias curtas e simples.

"Nunca hei de me esquecer do jovem casal que, faz algum tempo, bateu à nossa porta e entregou uma quantia em dinheiro. Eu perguntei: 'Onde é que arranjaram tanto dinheiro?'. Eles responderam: 'Casamo-nos há dois dias. Antes do casamento, decidimos que não iríamos comprar trajes especiais, nem fazer festa alguma. Queremos doar o dinheiro'. E eu sei o que significa, para uma família hindu, em nosso país, não ter trajes de casamento e não fazer uma festa. Então voltei a perguntar: 'Mas por quê? Por que decidiram isso?'. Eles disseram: 'Nós nos amamos tanto que queremos partilhar a alegria do amor com as pessoas a quem a senhora serve'. Como é que experimentamos a alegria do amor? Como é que experimentamos isso? Dando, até que doa."

"Antes de ir à Etiópia, na África, algumas crianças vieram me encontrar em Calcutá. Elas tinham ouvido dizer que eu iria àquele país. E vieram. Tinham vindo porque queriam ouvir das Irmãs o quanto as crianças de lá sofriam. Elas vieram e cada uma deu alguma coisa, uma quantia muito pequena em dinheiro. Algumas davam tudo o que possuíam. Um pequenino chegou perto de mim e disse: 'Eu não tenho nada, não tenho dinheiro, não tenho nada. Mas tenho este tablete de chocolate. É para você levar e dar aos meninos da Etiópia'. Esse menininho amava com grande amor, pois acho que era a primeira vez que tinha um tablete de chocolate na mão. E deu-o. Deu-o cheio de alegria por poder partilhar com os outros e suavizar o sofrimento de quem quer que fosse na longínqua Etiópia. Isso representa a alegria do amor: dar, até que doa. Foi doloroso para Jesus amar-nos, pois ele morreu na cruz para nos ensinar como devemos amar. Este é o caminho, a forma como também nós temos de amar: até que doa."

CAPÍTULO 9

Junto dos mais pobres dos pobres

Madre Teresa, cujo nome civil era Agnes Gonxha Bojaxhiu, provinha de uma família católica de origem albanesa. O pai, Nikola (Kole) Bojaxhiu, era de Prizren e, a partir de 1900, passou a viver em Skopje (antiga Üsküp), a atual capital da Macedônia. Trabalhou como farmacêutico, depois como arquiteto, até que entrou no negócio de construção de um amigo. A mãe, Drana, casou-se no civil com 16 anos de idade, sendo dezoito anos mais nova que o marido. Em 1905, veio ao mundo a primeira filha, a menina Aga; três anos depois, o primeiro menino, Lazar. Novamente dois anos depois, em 26 de agosto de 1910, a filha Agnes.

Em Skopje, maioritariamente muçulmana, que contava cerca de 47 mil habitantes e uma grande comunidade ortodoxa em 1910, os católicos eram minoria, pequena mas aguerrida. A atual capital da Macedônia, até a guerra dos Bálcãs de 1912, fazia parte do Reino Otomano e ficava, então, na Sérvia. Se raramente se via Madre Teresa sem um terço nas mãos, há de procurar aqui as raízes de tal devoção: Drana levava os filhos à missa da manhã e, à noite, rezava o rosário com eles. Foi também aqui que a pequena Agnes conheceu a dimensão social da fé, pois a mãe visitava enfermos e pobres. A família viveu com certa comodidade até a morte do pai, aos 46 anos de idade. Kole Bojaxhiu interessava-se por questões políticas, envolvera-se na questão dos direitos dos albaneses e era membro do conselho municipal. Em 1919, ao voltar de uma reunião na capital sérvia, Belgrado, com dores intensas, foi levado para um hospital em Skopje, onde faleceu poucas horas depois. O filho Lazar sempre esteve convencido de que o pai fora envenenado por razões políticas.

Depois da morte do pai, a família entrou num período socialmente conturbado. A mãe esforçava-se imensamente por manter a família com trabalhos de artesanato. Com o consentimento da mãe, Agnes deixou a família aos 18 anos, a fim de dedicar a vida à missão, como Irmã Teresa, na Congregação das Irmãs de Loreto. Nunca mais voltou a ver a mãe e a irmã, que, em 1934, se mudaram de Skopje para a capital albanesa, Tirana. Até a sua queda política, a Albânia comunista nunca autorizou a entrada de Madre Teresa, não obstante diversas intervenções da parte de altos políticos. Skopje não é a cidade natal de Madre Teresa apenas em sentido biológico, mas também o berço da sua vocação espiritual. Em 1922, aos 12 anos de idade, Agnes ouviu, pela primeira vez, as homilias de jesuítas croatas que atuavam na Índia. Desde então cresceu na jovem o desejo de ir para a Índia como missionária. Agnes e a irmã Aga pertenciam à comunidade mariana da Paróquia do Coração de Jesus, dirigida por jesuítas. Com certeza isso a marcou, pois durante toda a vida a sua espiritualidade foi mariana, jesuíta e totalmente concentrada no Coração de Jesus.

Voltou-se para as Irmãs de Loreto em Dublin, de forte influência jesuíta, com o objetivo expresso de ir para a Índia como missionária. A Ordem fora fundada em 1822 em Rathfarnham, por Frances Mary Teresa Ball (1794-1861), como ramo irlandês das Irmãs de Mary Ward.

No fim de 1928, foi, de fato, para a Índia, como noviça das Irmãs de Loreto, integrou-se completamente ao país, aprendeu bengali e um pouco de hindu. Certo dia um jornalista indiano disse-lhe: "Madre Teresa, a senhora não é natural da Índia, mas uma indiana naturalizada". Ao que ela respondeu: "Sou mais indiana do que o senhor. Eu tomei a decisão de ser indiana. O senhor não teve escolha".

* * *

Após um voo extenuante da Europa, geralmente com longas escalas em Delhi ou Bombaim, chega-se finalmente a Calcutá. Assim que se cumprem as formalidades alfandegárias, o visitante é atingido por uma onda de ar quente e úmido através das portas do aeroporto. Mais do que esta onda de calor, porém, surpreende-se pelo barulho, que rapidamente percebe ser a gritaria e a algazarra de centenas de crianças que o esperam na saída, a fim de conseguirem alguma gorjeta ou esmola. Se no meio do ar quente e do barulho conseguir abrir caminho até um táxi e depois entrar em um desses automóveis velhíssimos, pretos e amarelos, então está ultrapassada, com êxito, a primeira etapa.

Muitas vezes não é assim tão fácil fazer o taxista entender para onde realmente se quer ir. Antes de entrar é preciso ter a certeza de que ele conhece muito bem o lugar indicado. Frequentemente é assim que tem início uma longa odisseia, caso o passageiro não conheça a rua e o caminho.

Madre Teresa tinha, junto aos jesuítas, amavelmente tratado de um alojamento para o Bispo Hnilica e para mim na Parkstreet. O meu quarto era uma construção sobre o terraço, e era tão quente que as janelas tinham de estar sempre abertas. Por isso o quarto ficava completamente coberto do pó de Calcutá. O ar ficava poluído com os gases dos automóveis e das fábricas. Mesmo estando bem equipado, com sabão trazido da Europa, e disposto a esfregar e a limpar, tenho de admitir que naquele quarto nem ao menos tentei. A ineficácia de tal empreendimento era evidente: em vez de utilizar o sabão, limitava-me a tocar nos objetos o mínimo possível. Cuidadosamente, abria a torneira com dois dedos e voltava a fechar.

Levantava-me todos os dias às quatro e quinze da manhã, com o toque dos muezins, para depois ir caminhando, durante vinte minutos, até a casa-mãe. Nas calçadas, levantavam-se igualmente as pessoas que lá dormiam a fim de iniciarem a sua higiene matinal. No caso de muitas delas, consistia em lavar as túnicas num regato de esgoto, coberto de espuma branca, que ali passava lentamente, sacudindo-as depois na calçada até poderem vesti-las outra vez. Depois vinha a higiene pessoal. Com o indicador, as pessoas afastavam a venenosa espuma branca e faziam o ritual de passar três vezes o dedo molhado por todos os dentes. Agora percebo por que razão muitos, sobretudo os mais velhos e os doentes, não conseguiam levantar-se de manhã e acabavam por ser aqueles que eram levados para as casas de Madre Teresa, sobretudo para o Lar dos Moribundos. Transportados para lá, ou ficavam novamente bons ou morriam com algum amor e cuidado.

Quando fui a Calcutá pela primeira vez, em 1984, com o Bispo Hnilica e uma jornalista eslovaca, Madre Teresa mandou logo tirar as medidas para umas batinas brancas, para o bispo e para mim, as quais ficaram prontas logo no dia seguinte de manhã cedo. Era o ideal para o calor que lá se fazia sentir, pois era leve e fácil de lavar. Durante a noite, a batina de tecido leve secava outra vez, pois em Calcutá o clima é seco e quente. Contudo, Madre Teresa fez isso não tanto pelos cuidados com a nossa saúde ou por causa das facilidade de lavar, mas para que as pessoas de lá pudessem reconhecer-nos de imediato como padres.

Sempre pude constatar que, para Madre Teresa, o importante em mim não era nenhuma das minhas qualidades ou aptidões, nenhum traço de caráter e nenhum tipo de relacionamento, mas o sacerdócio. Ao mesmo tempo, ela queria me educar como padre. Por isso permitia que eu estivesse perto dela e das Irmãs. Utilizar o padre no seu trabalho específico e ao mesmo tempo influenciá-lo eram os dois lados da medalha. Um exemplo: quando as pessoas se apinhavam à sua volta para lhe pedirem a bênção – "Madre, a bênção!", ela as remetia sempre para o padre, caso estivesse algum por perto: "Deixe que o padre abençoe você também!".

* * *

Normalmente, Madre Teresa aquartelava-me nos jesuítas em Calcutá. Às vezes, quando não havia mais nada disponível, ficava na construção já descrita, sobre o terraço. Ali fazia sempre calor, tanto de dia como de noite. Naquele quarto havia um ventilador de teto e, sobre a cama, um mosquiteiro. Todas as noites precisávamos deitar na cama cuidadosamente e prender o mosquiteiro debaixo do colchão para que de manhã não estivéssemos todos picados pelos onipresentes mosquitos. Mas, não obstante todos os cuidados, acordei, na primeira manhã, com o braço repleto de picadas de mosquito. Fiquei zangado: na noite seguinte haveria de prender perfeitamente o mosquiteiro. Assim fiz, só que na manhã seguinte tinha o antebraço todo picado outra vez. No quarto dia, as picadas estavam inflamadas.

Quando, às cinco e meia da manhã, me dirigi à casa-mãe com uma multidão de voluntários, Madre Teresa puxou-me logo pelo braço: "Mas, Padre, o que você tem?". "Acho que são só picadas de mosquito."

Ela olhou mais de perto: "Uma dádiva de Deus! Padre, agora você vai ao médico – e eu vou rezar".

Mais tarde percebi que, para ela, "uma dádiva de Deus" podia ser qualquer contrariedade, qualquer dor e qualquer sofrimento. Aliás, tudo o que pudesse ser transformado numa "dádiva de Deus" por um pequeno ato de vontade. O que notei, desde aquela manhã, foi a atenção que ela sempre tinha por tudo o que a rodeava – até o menor detalhe. Ela sentia quando alguém chegava triste ou estava com dores. E procurava ajudar, desde que isso estivesse em suas mãos: por meio de atos, por meio de palavras e, quando mais nada era possível, por meio da oração.

A Irmã de serviço me sugeriu que, ao acordar, procurasse debaixo do travesseiro. Assim fiz na manhã seguinte: afastei o travesseiro e vi oito gordos percevejos! Que os protetores dos animais me perdoem, mas esmaguei-os, então, um a um, com o lençol. Oito enormes manchas de sangue! Os percevejos estavam vivendo no colchão e alimentando-se do meu sangue.

Lembro-me bem de uma das primeiras missas que celebrei na capela da casa-mãe. O cântico de entrada começou e eu nem queria acreditar no que estava ouvindo: a melodia sentimental de "La Paloma" chegava-me aos ouvidos – acompanhando o texto de conteúdo religioso. Uma das Irmãs tinha gostado tanto da canção que escreveu a letra. Essa nova combinação deu, assim, início ao repertório musical das Irmãs.

Na época, viviam na casa-mãe em Calcutá cerca de trezentas religiosas. Havia uma única fonte de água na casa: um poço no pátio interno, embaixo da capela, que ficava no primeiro andar. Quando se estava na varanda, na saída da capela, e se olhava para baixo, via-se um "formigueiro": ali cirandavam trezentas Irmãs, que, todos os dias, bombeavam a água do poço e lavavam os seus saris. Isto decorria ou em silêncio absoluto ou com cânticos religiosos.

Sentia-se sempre uma grande alegria. Eu ficava muitas vezes de pé na varanda olhando para baixo a fim de me deixar impregnar pela atmosfera de pobreza em que viviam as Irmãs. Madre Teresa dizia sempre: "Para entendermos os pobres, temos de viver nós mesmos a vida dos pobres". Ali, olhando da varanda, podia-se, pelo menos, começar a entender. As Irmãs não tinham rádio, televisão, nem ar-condicionado. Os ventiladores que elas tinham eram só para os pacientes e para os visitantes, não para elas mesmas. Elas vivem a vida dos pobres – com a diferença de terem decidido isso de livre vontade e por amor a Jesus.

CAPÍTULO 10

Contemplativa no meio do mundo

Para o mundo inteiro, Madre Teresa transformou-se num símbolo de amor cristão e compaixão. Seu nome é quase sinônimo de ternura e cuidado pelos mais pobres dentre os seres humanos. Muitas pessoas perguntavam, vezes sem conta, qual era o segredo de Madre Teresa. Todos os que a conheciam realmente bem eram unânimes em considerar que a Eucaristia – na Santa Missa e na oração – desempenhava um papel muito especial para Madre Teresa.

Numa viagem à Itália surpreendeu-nos com uma resposta. Um jovem padre estava rezando a Oração das Horas e o rosário com Madre Teresa e os que a acompanhavam. Assim que acabamos, ele fez espontaneamente a seguinte pergunta: "Madre Teresa, afinal, qual é o seu segredo?". Ela o olhou pelo canto do olho, um pouco de soslaio, e respondeu: "É muito simples: eu rezo".

Depois da minha ordenação e dos meus primeiros encontros com Madre Teresa, fiquei muito interessado na sua espiritualidade. Passei, na época, trinta dias de recolhimento na casa dos Padres Missionários da Caridade em Nova York a fim de refletir sobre uma eventual entrada para este ramo da Família dos Missionários da Caridade. Madre Teresa passou muitas vezes pela casa dos padres em Nova York, pois estava tratando da fundação de uma nova comunidade.

    Depois do retiro, contei a Madre Teresa que, logo no início da minha vocação sacerdotal, tinha pensado em ser padre capuchinho. "Não pense que consegue ser padre sem rezar, pelo menos, uma hora e meia por dia!" Naquele momento, fiquei muito impressionado, mas não percebi muito bem o significado da longa oração. Quis saber, então, quão importante era a oração para Madre Teresa. Sua resposta foi simples e clara: "Padre, sem Deus somos pobres demais para ajudar os pobres. Mas, se rezarmos, Deus coloca o seu amor em nós. Repare: as Irmãs são pobres, mas rezam. O fruto da oração é o amor. O fruto do amor é o serviço. Só rezando você poderá servir realmente os pobres".

    Lembro-me de, quando fomos juntos a um posto de gasolina, ela ficar olhando durante muito tempo para a mangueira da bomba pela qual a gasolina corria para dentro do tanque e depois dizer: "Olhe, padre, isto é como o sangue no corpo: sem sangue não há vida no corpo. Sem gasolina no carro, ele não anda. Mas também sem oração a alma morre".

    Uma das frases típicas de Madre Teresa era: "A oração nos dá um coração puro. Ela purifica o nosso coração. E um coração puro consegue ver Deus". Não percebi logo o que queria dizer "ver Deus". Mas, para ela, "ver Deus" era a capacidade de reconhecer a presença de Deus e da sua ação na nossa própria vida, sentir a sua mão em tudo e responder a isso com o nosso amor. Uma vez ela disse: "Se você tiver um coração puro, consegue ver Deus em tudo e em cada um". E concluiu depois: "Se virmos Deus, amar-nos-emos uns aos outros, tal como Deus ama a nós". Por isso a sua máxima de vida era: "Amor em ação".

* * *

Quando via Madre Teresa rezando, em profunda meditação, muitas vezes pressionando as mãos contra o rosto e o nariz apontado para cima, lembrava-me das palavras dos discípulos de Jesus quando viram o Senhor rezando e lhe pediram: "Senhor, ensina-nos a rezar!" (Lc 11,1). Foi então que Jesus lhes ensinou o Pai-Nosso.

À pergunta sobre o que era para ela a oração, Madre Teresa respondia: "Deus fala comigo – e eu falo com ele. É simples assim. Isto é a oração". A oração era o contato direto entre um coração e outro coração: "Quando rezo a Jesus, é do meu coração para o coração de Jesus. Quando rezo a Nossa Senhora, é do meu coração para o coração de Maria. Quando rezo ao meu Anjo da Guarda, também é de um coração para o outro". A frase central de Madre Teresa, quando se tratava da oração, era a seguinte: "Deus nos fala no silêncio do nosso coração e nós escutamos. Depois, com todo o nosso coração, nós falamos e ele escuta. Isto é a oração".

A sua relação com Jesus, com sua mãe e com muitos santos parecia bastante pessoal. O Papa João Paulo II tinha abençoado uma linda imagem de Nossa Senhora de Fátima para que a levássemos de presente a Madre Teresa. Ela levou essa imagem consigo numa viagem de trem à Ucrânia, onde foi visitar as crianças sobreviventes da catástrofe de Chernobil. Uma acompanhante descobriu, no entanto, que a imagem estava colocada de modo a não olhar para Madre Teresa, mas para a janela. Então, sem cerimônias, simplesmente a virou. Madre Teresa retorquiu: "Deixe-a olhar pela janela, ela tem de ver para onde vai. Ela está tão feliz por vir aqui!".

"A oração não surge por si só", disse Madre Teresa um dia. "Temos de nos dar o trabalho de rezar." Ela não ensinava quaisquer técnicas complicadas para rezar, mas lembrava sempre que tínhamos de estar conscientes do que estávamos fazendo quando rezávamos, e que tínhamos de prestar atenção. É no fundo do coração que tal oração acontece.

Para Madre Teresa, a oração era um contato filial ou um contato idêntico ao de uma criança com o pai, de modo algum superficial, mas "de coração para coração".

Na espiritualidade de Madre Teresa, a oração é a resposta do ser humano ao anseio por Deus, expresso no grito de Jesus na cruz: "Tenho sede!". Quando falava das suas casas, ela dizia apenas "Demos a Jesus um novo tabernáculo", pois escolhia e construía as casas de forma tão pragmática que lhe seria impensável a fundação de qualquer casa sem o Sacrário. Tinha-se a impressão de que, para ela, deveria haver pelo menos um tabernáculo em cada pedaço de terra neste mundo. Determinava exatamente onde iria ficar o tabernáculo na casa, marcava uma cruz na parede com a unha e recortava, em papel preto, as letras que compunham a frase "Tenho sede". Ela estava convencida de que o ser humano consegue apaziguar esta ânsia do Filho de Deus desde que, em silêncio, esteja diante dele e com ele.

Para Madre Teresa, rezar não consistia apenas nas horas destinadas à oração. Como São Paulo ensinou, devemos "rezar constantemente" (Ef 6,18). Esse "rezar constantemente" manifestava-se no terço que trazia sempre à mão e ao qual sempre "recorria". Observei muitas vezes como ela passava rapidamente as contas do terço pelos dedos.

Recordo-me de uma viagem que fizemos às montanhas da Índia Central, onde seria inaugurada uma universidade. Eu estava sentado num degrau logo abaixo dela e tinha ao nível dos olhos as suas mãos com o terço. Assim, pude observar durante horas como ela passava, sem parar, as contas pelos dedos, mas a uma velocidade que seria claramente insuficiente para uma Ave-Maria completa. Ainda pensei em perguntar-lhe que oração ela estava rezando naquela velocidade. Mas, infelizmente, ainda hoje não consigo dar uma resposta, pois não tive coragem de o fazer. Houve qualquer coisa que me impediu de fazer a pergunta, de modo que hoje posso apenas supor qual seria o conteúdo daquela rápida oração. Suponho que, a cada conta que passava, sussurrava algo como "Meu Jesus misericordioso" ou "Jesus, Filho de Deus, tem piedade de mim".

Eu já era padre, mas estava ainda estudando Missiologia em Roma, quando, um dia, perguntei-lhe: "Madre Teresa, o seu discurso em Oslo, ao receber o Prêmio Nobel, impressionou muita gente. Agora serão escritas dissertações sobre isso nas universidades. Como é que preparou o seu discurso? Teve a ajuda de alguém?".

Madre Teresa não disse nada. Soltou o terço do cinto, ergueu-o no ar como se fosse uma bandeira e agitou-o à minha frente com uma expressão incrivelmente travessa no olhar.

A oração, sim, e toda a vida espiritual, sobretudo os sacramentos, eram a razão do apostolado mundial de Madre Teresa. Hoje tenho a certeza de conhecer bem o motivo pelo qual eu tinha de acompanhá-la tantas vezes: Madre Teresa precisava de um padre que celebrasse a Santa Missa todos os dias, para ela e para as irmãs, e a quem elas pudessem confessar-se.

As Irmãs ficavam em adoração diante do Sacrário pelo menos uma hora por dia. Em 1972, quando se deu a grande catástrofe das inundações em Bangladesh, Madre Teresa logo enviou as Irmãs para lá a fim de ajudarem. As carências eram imensas e o trabalho exigia das Irmãs um esforço sobre-humano. Pediram a elas, então, que, excepcionalmente, não interrompessem o trabalho para as suas orações.

Madre Teresa decidiu o contrário: "Não, as Irmãs vão para casa, para as suas orações e para a Santa Missa". Naquele momento, perante a catástrofe das inundações, muitos dos socorristas não entenderam a determinação, mas para Madre Teresa era claro que a força das Irmãs se esgotaria se não fosse alimentada pela missa e pela oração diárias.

Da sua constante oração resultava o seu perpétuo testemunho. O que vi, nas muitas viagens com Madre Teresa, foi que ela nunca deixava de ser freira e, principalmente, anunciadora do amor de Jesus. Sempre que eu a acompanhava na qualidade de padre, trajava roupas e cumpria funções oficiais, mas mais cedo ou mais tarde tais funções terminavam. Assim que chegava em casa ou quando conseguia repousar num dos quartos de hóspedes das Irmãs, durante algum tempo eu não estava para ninguém. Claro que nunca deixava o meu ministério, mas a minha atuação era superada por meu cansaço ou minhas necessidades de repouso e descontração. Essa superação parecia nunca acontecer com Madre Teresa, quer estivesse doente, quer estivesse numa cadeira de rodas, quer se encontrasse num aeroporto ou com as Irmãs. A sua vida era um constante testemunho. Ela estava tão envolvida pela experiência da ânsia de Deus por nosso amor que nunca conseguia deixar isso de lado para cuidar de suas próprias necessidades.

Sou até levado a crer que ela não conseguia pegar um pão sem pensar na Eucaristia. A fome corporal ou outro estado de carência eram sempre, aos olhos dela, uma expressão da nossa fome por Cristo. No dia a dia ela demonstrava que a nossa vida aqui na terra assentava na vida eterna.

Assim como João Paulo II, ela nunca perdia a oportunidade de conversar com os jovens, porque o amor de Cristo a isso a obrigava. Simplesmente tinha de lhes dizer: "Vocês, jovens, escutem: a santidade é um fim altíssimo, é preciso querer, é preciso esforçar-se – e, com a bênção de Deus, haveremos de ser santos". Ela sabia perfeitamente quando era oportuno dar testemunho, mas também não se inibia de dar testemunho mesmo quando não era oportuno.

* * *

Madre Teresa repetia a seguinte frase, vezes sem conta: "Família que reza unida, permanece unida". Tal frase, com a qual ela foi identificada, não era de sua autoria, mas do Padre Payton, americano e grande apóstolo da oração familiar. Madre Teresa apropriou-se dessa frase, pois a oração e o amor familiar eram os seus desejos do coração. De vez em quando, perguntava a seus interlocutores: "Onde é que começa o amor?", para depois ela mesma dar a resposta: "O amor começa em casa, na família".

"A família", assim disse um dia Padre Brian Kolodiejchuk a Madre Teresa, "é um instrumento especial nas mãos de Deus, pois é na família, em primeiro lugar, que Deus nos mostra que fomos concebidos para grandes coisas, nomeadamente para amarmos e sermos amados. Assim como for a nossa família, assim serão as nossas relações com os vizinhos e, em consequência, o nosso bairro, a nossa cidade, o nosso país. Se a família for um lugar de amor, de paz e de santidade, os países e o mundo todo viverão em amor, em paz e em unidade com Deus."

Em muitas cidades do mundo as Irmãs cuidam de pessoas idosas e desamparadas. As casas são sempre organizadas de forma simples, mas muito limpas, e os idosos são visivelmente alegres, em companhia uns dos outros e das Irmãs. Certa vez falei com Madre Teresa acerca disso e ela disse: "Padre, por que você acha que em muitos asilos os idosos se sentam na entrada e ficam olhando para a porta?".

Como eu não sabia explicar, Madre Teresa me explicou: "Porque, provavelmente, foram seus filhos e filhas que os colocaram nesses asilos, onde nada material lhes falta. Na realidade, porém, seus filhos lá os esquecem. Você vê, nesses asilos, algum idoso com um sorriso no rosto? Muitas vezes são eles os mais pobres dos pobres, pois têm uma fome imensa de amor. Temos sempre de perguntar a nós mesmos: será que não temos destes mais pobres dos pobres na nossa própria família? Não podemos nos esquecer de que o amor começa em casa".

Sim, é na família que entendemos o que significa Jesus dizer ser ele o caminho, a verdade e a vida. Como Madre Teresa diria: "O que se aplica a cada um de nós, aplica-se também à família: se ouvirmos Jesus, a família ouve a verdade. Se cumprirmos os seus mandamentos, seguimos Jesus, o caminho. Se celebrarmos os seus sacramentos, vivemos Jesus, que é a vida".

CAPÍTULO 11

Sedução avassaladora

Madre Teresa, por sua bondade e disciplina, fazia com que quem estivesse perto dela fosse disciplinado e não conseguisse ser superficial. A forma como cumprimentava alguém, como demonstrava atenção, alterava a atmosfera de qualquer lugar em que entrasse. Nunca hei de esquecer a ocasião em que ela arrastou as poltronas para que pudéssemos ficar à vontade. Quando a visitávamos, tínhamos sempre a impressão de que não estava à espera de mais ninguém.

Quando me encontrei com ela pela primeira vez, escrevi ao bispo para contar-lhe com quem estava. Na realidade, ela cumprimentava cada pessoa com um sorriso luminoso, independentemente de sua ocupação ou de sua posição social. Irradiava uma alegria interior que, na maior parte das vezes, rapidamente fazia ruir quaisquer preconceitos e ressentimentos que pudessem existir. Verifiquei isso com várias pessoas que acompanhei até Madre Teresa, fosse para participar da missa da manhã, fosse para uma breve conversa. Entre elas também havia pessoas que não tinham a menor afinidade com a Igreja. No entanto, saíam do primeiro encontro confortadas e animadas, com o coração derretido e, muitas vezes, completamente transformadas depois de dez minutos de conversa.

Sim, Madre Teresa tinha uma maneira de ser cativante, mas ao mesmo tempo forte, mais forte ainda quando o seu vigor espiritual se misturava a suas características naturais. Muitos estavam convencidos de que ela tinha o dom de "enxergar a alma", isto é, de conseguir ver a alma das pessoas e, espontaneamente, dizer-lhes coisas de que elas, de forma natural, não tinham a mínima ideia.

Um desses acontecimentos, que eu mesmo não presenciei mas que ouvi contar de testemunhas confiáveis, ocorreu na Itália. Uma mulher foi com o marido passear no parque onde Madre Teresa e algumas Irmãs faziam um piquenique. Inesperadamente, a mulher sentiu-se atingida por uma luz e um calor que provinham daquele grupo de religiosas. Nessa luz, que a envolvia como uma nuvem, ela viu toda a sua vida – e, de repente, começou a chorar. Nesse momento, uma pequena freira se levantou, foi a seu encontro e cumprimentou-a, embora nunca a tivesse visto antes. As duas mulheres começaram a conversar. E essa conversa mudou completamente sua vida.

Muitas vezes me pergunto se ela também teria mudado a mim. O quanto ela me teria marcado? Espero ter mudado através dela. Talvez a forma como falava, com frases muito simples e curtas, fosse marcante. Muitas das coisas que ela dizia tornaram-se regras para mim, encontrando lógica em muitas situações da vida. Quando limpo uma mesa, por exemplo, eu penso: não tenho de limpá-la de modo que fique como nova, nem trocá-la por uma mesa nova, mas devo limpar com tanto amor que a mesa ficará realmente limpa. Isto eu aprendi com ela.

Com Madre Teresa as coisas práticas, aparentemente pequenas, adquiriam um enorme significado espiritual. Hoje chego à conclusão, através das minhas próprias observações, de que, na presença de santos e em locais sagrados, as coisas acontecem "por acaso". Quer dizer, sentimos Deus muito mais presente junto de pessoas santas ou em locais sagrados do que na nossa vida normal. Por isso, assim me parece, com Madre Teresa as coisas aconteciam muito mais depressa, de forma mais eficaz e também com mais sentido. Tudo o que ela fazia tinha sempre um sentido e nunca era banal – até as coisas mais ínfimas.

* * *

Certo dia Madre Teresa foi à Espanha, onde foi conduzida por um jovem de nome Pascual. Na época ele não era padre, mas responsável por uma agência de viagens. Ela estava à procura de uma casa para as suas crianças espanholas com Aids, e acabou encontrando por meio de uma série de "acasos" e em pouco tempo. Nessa casa as Irmãs de Madre Teresa cuidam ainda hoje de crianças com Aids.

Pascual era um agente de viagens cheio de vida que viajava por todo o mundo. Depois de levar Madre Teresa ao aeroporto de Madri, na despedida pediu que lhe autografasse um livro. Na confusão das despedidas, ele não teve oportunidade de ler a dedicatória que ela lhe tinha escrito. Só quando voltou para casa é que abriu o livro. A dedicatória começava com as palavras "Caro Padre Pascual". Teve um sobressalto. Certamente que se confundiu o tempo todo, tomando-o por padre!

Pascual escondeu o livro na prateleira atrás dos outros livros. Queria poupar-se da gozação dos amigos por causa disso.

Assim escondido, o livro caiu no esquecimento – até que, dez anos depois, ao arrumar a estante, encontrou o livro de Madre Teresa, abriu-o novamente e leu a dedicatória. Nesse meio-tempo, tinha se tornado aquilo que, uma década antes, seria impensável: padre.

Madre Teresa tinha plena consciência da autoridade e influência dos padres, dos bispos e do Papa, mas também da sua própria enquanto madre superiora. Quando tinha um assunto a resolver, distinguia claramente entre "deliberação" e "decisão", isto é, entre a origem, a fundamentação e os resultados finais de uma resolução. Para resolver algo, consultava muitas pessoas, pedia conselhos e estudava a matéria com grande atenção e concentração. Mas, assim que julgava ter finalmente recolhido todos os elementos, faltando apenas a oração, ela decidia.

Quando se tratava da autoridade da Igreja, ela sabia exatamente o que tinha de perguntar ao seu bispo e ao Papa. Mesmo o conselho de cada padre era levado muito a sério. Lembro-me de um padre dizer-me: "Temos de ter cuidado com os conselhos que lhe damos. Ela os segue à risca!". De fato, ela dava peso às informações confiáveis, sobretudo quando provinham de pessoas da Igreja. Para ela, o padre era alguém que tinha uma relação especial com Cristo, não por causa dos seus dons ou talentos naturais, mas pela força da sua consagração. Se ele tinha ou não consciência disso, era absolutamente irrelevante. Mesmo quando ele não levava a sério a dignidade do seu sacerdócio, Madre Teresa considerava seriamente suas respostas, pois atribuía ao padre um papel especial na interpretação da vontade de Deus.

* * *

Quando Madre Teresa voltava de uma viagem, queríamos saber não só o que ela tinha feito e conseguido, mas também quais as dificuldades encontradas, claro, e se políticos ou altos funcionários haviam causado qualquer constrangimento ou cometido alguma maldade. Em suma: o que queríamos era ouvir "histórias saborosas".

No entanto, Madre Teresa, por princípio, nunca proferia uma palavra negativa acerca de ninguém. Às nossas perguntas insistentes, se ela aqui ou ali não havia sido enganada, manipulada ou usada, ela quase sempre respondia: "Eles foram tão bons conosco". Em vez das fofocas que estávamos à espera, ela contava como os anfitriões ou os governos dos países visitados tinham ajudado nisto ou naquilo, como eles se tinham esforçado e quais os resultados obtidos.

Nunca deixava sair uma palavra negativa, de modo que em certa ocasião disse: "Mas, Madre Teresa, nem tudo deve ter dado certo!". Ainda assim, não hesitou em responder: "Sabe, padre, é melhor desculpar do que acusar". Devo ter ouvido essa frase dela inúmeras vezes.

Em outra ocasião, em Moscou, onde a experiência com as autoridades soviéticas nem sempre era agradável, voltamos a pressioná-la, mas não apenas não conseguimos nenhuma observação desfavorável como ainda aprendemos uma lição: "Quando condenamos uma pessoa, ficamos sem tempo para amá-la".

Madre Teresa guardava, num lugar especial de seu coração, uma família indiana que a ajudou muito no início da sua atividade nas favelas de Calcutá. Acontecia que, de vez em quando, ela ia visitar aquela família. Numa dessas visitas, segundo consta, estava também presente a filha do casal, já adulta, que, de repente, começou a queixar-se a Madre Teresa da corrupção que havia na administração da cidade. Para tudo era preciso suborno; nada se conseguia sem propina. Na realidade, ela queria que Madre Teresa, que tinha muito boa reputação junto à prefeitura, ajudasse um conhecido seu. A jovem disse: "Madre Teresa, será que pode nos ajudar? Calcutá é tão corrupta! Não se consegue nada sem subornar as pessoas".

Madre Teresa reagiu como das outras vezes, quando as pessoas "falavam escuro", como ela dizia, ou quando alguém "espalhava a escuridão": "Ora, os funcionários municipais são pessoas maravilhosas. Contribuem tanto para as nossas crianças".

A jovem não se deu por satisfeita e retorquiu: "Mas Madre Teresa, a grande maioria em Calcutá só quer saber de dinheiro".

Pela segunda vez, Madre Teresa tentou trazer um vestígio de esperança e lembrou um costume hindu, segundo o qual se deixa sempre à porta um punhado de arroz para os pobres.

A jovem se sentiu frustrada: "Madre Teresa, quando é que a senhora vai acordar? Calcutá é um poço de corrupção".

Durante uns segundos pairou um silêncio constrangedor. Madre Teresa ficou muito calma, olhou a jovem nos olhos e disse: "Sei muito bem que existe corrupção em Calcutá, mas também sei que há coisas boas, e eu decidi ver o bem".

Madre Teresa não era tão ingênua que não visse o mal, mas era uma decisão consciente, um ato consciente viver o amor e a esperança. Era também uma decisão bem consciente a de acreditar no bem que existe nas pessoas.

As Irmãs diziam brincando que Madre Teresa haveria de desculpar até o diabo. Ela frisava sempre que não se devia dar ouvidos a todas as histórias negativas que se contavam sobre certas pessoas. Era muito melhor rezar por essas pessoas. Um dia, Madre Teresa fez a seguinte observação: "Um pecado que nunca terei de confessar é o de ter condenado alguém".

Era evidente que ela tinha aprendido bem uma lição que a mãe transmitira aos três filhos em Skopje: em casa, quando os filhos se queixavam de um professor, a mãe desligava a eletricidade. A justificação lacônica era: "Não pago eletricidade a filhos que falam mal das pessoas".

Madre Teresa queria ajudar as pessoas, não desculpá-las ou acusá-las. Assim, ela ajudava os pobres, os drogados, os doentes com Aids. Assistia hindus e muçulmanos, cristãos e ateus quando estavam morrendo. Seu amor não conhecia fronteiras, não fazia distinções em relação à raça ou à religião, posição ou ideologia. Com isso mostrava-nos como devia ser a caridade.

Era para mim um enigma a forma como Madre Teresa lidava com todas as censuras e acusações que muitos autores europeus lhe lançavam. Foi ela mesma quem nos deu a resposta, certo dia, quando falava sobre a maneira de lidar com as ofensas. "Quando alguém acusa você, pergunte primeiro a si mesmo: ele tem razão? Se ele tiver razão, então vá até ele e peça desculpas. Se ele não tiver razão, então tome a ofensa com ambas as mãos, não a deixe escapar, mas aproveite a oportunidade e a entregue a Jesus, como uma dádiva. Alegre-se por lhe ter dado algo valioso".

Nesses momentos ela tomava consciência de que o amor de Deus abraça todos os seres humanos e que ela e todos nós somos meros instrumentos nas mãos dele. Por isso repetia muitas vezes: "Rezemos para não estragarmos a obra de Deus!". Estava firmemente convicta de que todo o bem que existe é obra dele!

À medida que a Aids se tornava cada vez mais um tema discutido nos meios de comunicação social, ouviam-se vozes que diziam que a nova epidemia era um castigo de Deus pelos pecados ou, pelo menos, uma consequência deles, em certo sentido. Ouvi com muita atenção quando alguém colocou a seguinte questão para Madre Teresa: "Madre Teresa, a epidemia da Aids será uma consequência do pecado?".

Madre Teresa olhou o seu interlocutor nos olhos: "Eu, Madre Teresa, sou uma pecadora. Todos somos pecadores. E todos precisamos da misericórdia de Deus". Novamente lembro-me da frase de Madre Teresa: "Um pecado que nunca terei de confessar é o de ter condenado alguém".

Madre Teresa me falou, em Praga, da bem-sucedida fundação dos "Padres Missionários da Caridade", em 31 de outubro de 1984. De início, eram apenas cinco homens. Fizeram a promessa de nunca proferir uma palavra injuriosa, tanto dentro como fora da comunidade. Madre Teresa comentou isso assim: "Como padres, vocês devem viver exclusivamente para Cristo. Nada nem ninguém deve interpor-se entre vocês e Cristo". Depois, deu-me ainda um conselho pastoral: para renovar uma paróquia, é bom ter, como Jesus, "uma equipe de oito, dez ou doze pessoas, que queiram efetivamente trazer Cristo para a paróquia".

* * *

A fim de planejar muitas viagens ou falar sobre uma viagem, tinha de ligar de vez em quando para Madre Teresa em Calcutá. O que reparei logo de início é que era ela mesma quem atendia o telefone. Às vezes hesitava em ligar, pois tinha a impressão de que, com os meus relatos e perguntas, ocupava-lhe um tempo precioso. Mas ela conseguia sempre, com três ou quatro palavras e com alegria na voz, dissipar essa preocupação.

Minha irmã mais nova trabalhou como voluntária, durante alguns meses, em Calcutá. Em cada um daqueles telefonemas, Madre Teresa contou como a minha irmã era amorosa com os pobres e como ela os amava: "Vamos ver quais são os planos de Deus para ela!". Seria talvez uma pequena alusão ou uma esperança de que ela entrasse para as Missionárias da Caridade? De qualquer modo, lembro-me de que ficava sempre muito orgulhoso quando Madre Teresa elogiava a minha irmã.

A atenção que Madre Teresa dispensava a cada hóspede, a cada visitante e a cada interlocutor dispensava também às suas Irmãs. Um exemplo que me impressionou: no aeroporto de Nova Delhi, tive de esperar várias horas, pois o avião para Calcutá estava com mais de oito horas de atraso. Dentre os que estavam à espera reparei numa freira japonesa que ali estava sentada com olhos chorosos e ar completamente desamparado. Perguntei-lhe qual era o problema e ela contou que a esperavam em Calcutá por volta das quatro horas da tarde, não às duas da manhã – como aconteceria, por causa do atraso do avião. Não teria, pois, ninguém a esperando em Calcutá e não sabia o que faria ao chegar no aeroporto. Prometi tomar conta dela, sem saber muito bem como poderia ajudá-la.

Chegando em Calcutá, ajudei-a primeiro a escapar das centenas de crianças que, mesmo às duas da manhã, rodeavam cada visitante para receber ao menos uma pequena esmola. Um taxista assegurou saber muito bem onde ficava o convento que a freira japonesa procurava e disse que podia levar-nos lá. Mas assim que nos sentamos no táxi, ele já não fazia a menor ideia. Como eu já havia estado antes naquela congregação, lembrava-me, pelo menos vagamente, em que parte de Calcutá ficava. Assim, vagueamos até cerca das quatro horas da manhã por Calcutá, até que, por fim, mais por acaso, nos encontramos diante do convento. Batemos à porta com força, mas ninguém atendia. Então, vinte minutos depois, ouvimos passos arrastados aproximando-se da porta. "Não", disse uma voz do outro lado do portão, "a esta hora não se pode abrir de jeito nenhum". Teríamos de voltar ao amanhecer, ou seja, três horas depois.

Para onde deveria levar a triste Irmã japonesa? Não podia levá-la para alojar-se nos jesuítas, que era onde eu mesmo vivia em Calcutá. Fomos, então, para o Lar das Crianças (Shishu Bhavan) –, dirigido pelas Missionárias da Caridade. Já bastante cansado e um pouco tenso, ia pensando pelo caminho: se nos mandarem embora também, a minha confiança nesta congregação ficará abalada.

Batemos no portão, o qual logo se abriu. Uma voluntária que já tinha começado a mexer nas panelas enormes para preparar a refeição da manhã dos famintos cumprimentou-nos. Quando lhe contei o nosso problema, ela se limitou a dizer: "Espere um momento, tenho de ir chamar a madre superiora".

Tentei impedi-la. "Pelo amor de Deus, ela ainda está dormindo!"

"Sim, sim, mas eu vou chamá-la!" E já tinha ido embora.

Uns três minutos depois a jovem voltava com a madre superiora – e pasme, a madre superiora era japonesa também! Eu esperava encontrar uma madre superiora indignada por ser arrancada do seu merecido sono às quatro da manhã. Mas aconteceu o contrário: ela nos recebeu com um rosto sorridente, como se estivesse à espera da nossa visita e ficasse extremamente contente com o fato. Nosso problema resolveu-se em dois minutos: a apavorada Irmã japonesa estava nas melhores mãos – e, além disso, na sua própria cama.

Disse, no início, que Madre Teresa me fazia lembrar a minha avó: pelas suas muitas rugas, mas muito mais pelo calor e pela forma direta com que ela se relacionava com as pessoas. Quando se dirigia a alguém para lhe falar, ia concentrada na pessoa. Depois, era só ela e essa pessoa, com as suas perguntas e preocupações. Notei algo semelhante no Papa João Paulo II.

Dessa forma, os visitantes não se sentiam como um pesado transtorno. Nesses momentos, que podiam durar segundos, minutos ou até horas, para Madre Teresa éramos a pessoa mais importante. Com tal sentimento de serem importantes para ela, e através dessa proximidade, muitas das pessoas que com ela se encontravam ficavam com a impressão de serem os melhores amigos de Madre Teresa. Só depois de sua morte ouvi dizer que muito mais de quinhentas pessoas diziam isso dela.

Em Pondichéry (hoje Puducherry), aquela região da Índia que foi em tempos uma colônia francesa e onde trabalhavam missionários franceses, houve uma mulher que me disse: "Os missionários nos trouxeram uma religião – uma terceira, além do Budismo e do Hinduísmo. Madre Teresa trouxe-nos o amor de Cristo".

CAPÍTULO 12

Como pegar touros pelos chifres

A bravura que sempre admirei em Madre Teresa parecia ser não apenas uma das suas grandes qualidades, mas um autêntico traço de caráter. Eis um exemplo: quando ainda era professora na escola das Irmãs de Loreto em Calcutá, foi passear com suas alunas por um enorme prado; de repente, apareceu um touro arquejando. As alunas fugiram, aos gritos, com o touro correndo atrás delas. Foi então que Madre Teresa pegou uma sombrinha vermelha, abriu-a e dirigiu-se, por sua vez, ao encontro do touro. Pelo visto o touro ficou tão atônito que deu meia-volta e foi embora. Talvez seja apenas uma lenda, mas, por outro lado, dificilmente se poderia construir uma lenda se o touro tivesse reagido de outro modo.

Muitos anos depois, pude admirar pessoalmente a bravura de Madre Teresa na Nicarágua, dominada pelos sandinistas. O plano dela era abrir uma casa para as Missionárias da Caridade na capital, Manágua. Já em outra passagem contei como ela, nas negociações diretas com o líder dos sandinistas, Daniel Ortega, conseguiu levar suas Irmãs para o país de governo comunista. Na época, havia tanta tensão entre o regime sandinista, inspirado em Marx, Lênin e, sobretudo, Fidel Castro, e a Igreja Católica que ninguém podia garantir a segurança do nosso grupo.

Dizia-se que num lugar chamado Cuapa, a algumas horas de viagem de Manágua, haviam ocorrido aparições de Maria, avaliadas de forma positiva pelo arcebispo responsável, o Cardeal Miguel Obando Bravo. Aí deveria realizar-se, pois, uma grande celebração. Uma das colunas de automóveis escoltadas pela polícia pôs-se em marcha, subindo as montanhas de Cuapa por estradas arriscadas e caminhos inundados pelos riachos. Os últimos quilômetros estavam orlados de pedras brancas – o sinal da oposição política.

O vidente Bernardo, que assistira às aparições de Maria, cumprimentou-nos e contou-nos toda a história. Depois, organizou-se um piquenique num enorme prado. Entre nós havia vários bispos, bem como Darío Castrillón Hoyos, então representante da Conferência Episcopal da América Central, e o referido arcebispo de Manágua. De repente, vindos da floresta próxima, apareceram uns cem soldados armados. Mesmo sem saber quem eram aqueles homens de uniforme e a que unidade pertenciam, fiquei alarmado.

Tal como na história do touro contada no início, Madre Teresa assumiu a responsabilidade e tomou a iniciativa. Os soldados estavam tomando posição, com ar ameaçador, quando Madre Teresa levantou-se e foi direto até eles. Ela parou diante dos canos das metralhadoras apontadas para nós. Remexeu no saco e entregou a cada soldado uma medalha milagrosa. Para receberem a medalha, os soldados puseram as armas a tiracolo. Depois de Madre Teresa ter dado uma medalha a cada um dos soldados, e depois de eles a terem aceitado, convidou a todos para comer, mas eles recusaram. De certa forma, pudemos voltar calmamente para o piquenique.

Poucos dias depois, Madre Teresa recebia a autorização para levar as Missionárias para a Nicarágua. Com a ajuda do cardeal, ela conseguiu encontrar uma paróquia e alojar as Irmãs nas instalações do edifício da igreja. Padre Mondragon era o pároco havia muitos anos e tinha uma relação próxima com Madre Teresa.

Foi assim: no início, ele era seguidor da Teologia da Libertação e apoiador dos sandinistas comunistas, segundo me contou. Certo dia, um padre amigo perguntou-lhe se ele não queria acompanhá-lo a Roma, porque lá estava sendo organizado um encontro para milhares de padres, para o qual Madre Teresa tinha sido convidada como oradora. Um "holandês maluco" (um abastado industrial católico) financiaria as despesas de viagem a todos os padres de além-mar que não pudessem pagá-la. Padre Mondragon dizia abertamente que não estava nada interessado nessas "coisas do Vaticano". Roma tinha para ele uma conotação negativa. Então, respondeu-lhe o padre amigo, ele devia tirar uns dias e ir com ele, para visitar e apreciar Roma. Padre Mondragon acabou por ceder, tanto mais que os custos da viagem seriam pagos pelo tal "holandês maluco".

Chegando em Roma, não tinha qualquer intenção de participar do congresso. No entanto, no último dia – era um sábado –, por uma questão de delicadeza, foi dar uma olhada. "Pensei comigo: vamos lá, só para ver o que todos esses papistas estão fazendo", contou-nos ele mais tarde. Quando entrou no salão de audiências com o nome do Papa Paulo VI, a imagem de Nossa Senhora de Fátima passava pelas filas, de trás para a frente. No momento em que a imagem passou por ele, sentiu um amor tão grande e uma luz que o fez reconhecer que tinha feito tudo errado na vida. Foi uma conversão espontânea e total.

Depois veio o discurso de Madre Teresa. Falou sobre o amor de Jesus aos seus padres. Padre Mondragon voltou para a Nicarágua completamente convertido. No domingo seguinte, contou a seus paroquianos, na homilia, o que sentiu: "Só queria dizer-vos que tudo o que vos disse até agora foi um perfeito disparate. Temos de começar de novo, e vamos começar com a adoração do Sacrário. E vamos consagrar a paróquia a Nossa Senhora".

Foi junto desse pároco que as Irmãs de Madre Teresa encontraram abrigo, no início, na Nicarágua. Ele foi o seu primeiro confessor e protetor.

* * *

Alguns meses mais tarde voltei à Nicarágua a fim de conduzir o retiro das Irmãs durante a Quaresma. As tensões entre a Igreja e o Estado não tinham diminuído, antes pelo contrário. Padre Mondragon me perguntou se eu estava disposto a acompanhá-lo na procissão da Sexta-feira Santa, pois tinha recebido ameaças de morte. Dentro da igreja deixariam-no em paz, mas, se ele organizasse uma procissão fora da igreja, seria logo morto a tiros, era esta a ameaça feita. Eu sabia, devido à minha experiência do outro lado da Cortina de Ferro, que a presença de estrangeiros significava sempre uma certa proteção para os membros da Igreja. Mesmo que não me sentisse muito bem em tal situação, não podia deixar de atender seu pedido.

Na Sexta-feira Santa, ocupamos os nossos lugares para a procissão diante da igreja: à frente iam os acólitos; depois seguia um carro com Jesus carregando a cruz com uma capa azul, longos cabelos pretos e lábios rubros; mais atrás iam as Missionárias da Caridade e, depois, no fim, os padres, ou seja, Padre Mondragon e eu. A rua estava apinhada de curiosos.

Mal o cortejo pôs-se em movimento, vi que, de repente, eu era o único padre atrás do Jesus sofredor. Padre Mondragon havia desaparecido. Só quando a sua voz, rezando uma oração, ecoou por um alto-falante é que descobri onde ele estava: seguia num fusca, com um microfone na mão, de onde dirigia a procissão. Percebi que estava mais protegido dos assassinos dentro do carro, mas rezava insistentemente pela boa visão do potencial autor do atentado para que ele, por engano, não me tomasse como seu alvo, uma vez que, em estatura e em semblante, não me distinguia bem de Padre Mondragon.

Qualquer homem que estivesse à beira da estrada sem as mãos à vista era-me suspeito. Das Irmãs não vinha grande consolo. Elas só riam e diziam: "Padre, se tiver de morrer, ao menos morra decentemente. Vamos rezar pelo senhor". Grande consolo...

Essa procissão certamente foi a mais longa da minha vida. Finalmente, chegamos à praça onde o Santo Ofício deveria ter lugar. Foi então que apareceu, de repente, um grupo de jovens com um aparelho de som tocando canções comunistas no volume máximo. Deixaram o aparelho diante do altar, montado sob as grandes árvores. Não se ouvia uma única palavra de Padre Mondragon, nem da missa ou do sermão. O único momento em que se conseguiu ouvir as suas palavras foi quando a fita chegou ao fim e os jovens tiveram de virá-la para continuarem a ensurdecer-nos com o barulho. Padre Mondragon aproveitou aquele breve instante para dizer: "Há um tempo para a música e há um tempo para a oração".

Em breve voltou a ecoar a música revolucionária comunista. O padre me segredou ao ouvido: "Não há nada a fazer! Isto é uma provocação da polícia. Só estão à espera para poderem nos prender". Dos dois lados da praça havia policiais, em viaturas, que assistiam aos acontecimentos sem nada fazer. Mas os crentes não se deixaram provocar, voltando em paz para a missa na igreja.

* * *

Na Nicarágua, recebi o recado de Madre Teresa, perguntando-me se eu não ia a Cuba orientar o retiro das Irmãs. Ela estava convencida de que eu, como cidadão da Áustria neutra, conseguiria mais facilmente um visto: "Padre, vá lá na embaixada. Eles hão de dar-lhe o visto". Tinha as minhas dúvidas, pois geralmente era preciso tratar do visto no próprio país ou então num grande consulado. Na maior parte das vezes, um europeu não conseguia obter um visto para o país comunista vizinho nas pequenas embaixadas. Assim, contrariado, lá fui eu para a embaixada cubana em Manágua, passando por altas sebes e atravessando o portão vigiado. Apresentei o meu pedido de visto para Cuba, esperei muitas horas e depois recebi a resposta de que não podiam dar-me nenhum visto. Mas que devia tentar novamente no dia seguinte. Então fui outra vez no dia seguinte. A resposta foi novamente negativa. No dia seguinte, disseram-me que ali não me dariam nenhum visto, mas que podia obtê-lo em Washington ou em Nova York. Deprimido, saí do edifício da embaixada.

Junto à cerca viva estava uma mulher de idade que me puxou pelo braço: "Venha, venha comigo!". Levou-me para uma entrada lateral do edifício, deu-me um papelzinho com o número "C16" e disse: "Esteja hoje à tarde, às dezesseis horas, no aeroporto. Vai poder viajar". Agradeci e fui-me embora, mas sem entender a situação. Quem era aquela mulher? O que ela queria? Mesmo que quisesse ajudar-me, eu estava convencido de que ela devia estar enganada. Era quarta-feira e às quartas-feiras não havia voos para Havana.

No entanto, cheguei pontualmente no aeroporto com a minha leve bagagem. Nunca se sabe... Lá estavam dois aviões pequenos e um avião a jato. Dirigi-me ao "check-in", mostrei o meu passaporte e o cartão com o número. Então a comissária de bordo mandou-me para outra saída, onde se encontrava outro posto de controle. Mostrei novamente o meu papelzinho e, de repente, encontrei-me numa fila de senhoras de idade, verdadeiras "vovozinhas" comunistas que, carregadas de sacos plásticos abarrotados e malas de mão, atravessavam a pista na direção do avião. Fizeram-me sinal para que me juntasse a elas. Acabei, então, por me sentar, com a minha bagagem, em algum lugar no meio das "vovós" – na fila 16, lugar C. Assim que a última entrou, o avião decolou.

Em breve estávamos aterrissando em Havana, Cuba. De novo segui as "vovós", sem dúvida com um sentimento indefinido, pois, no fim das contas, eu não tinha nenhum visto para Cuba. As senhoras viraram para uma saída lateral perto do edifício principal do aeroporto. Num gradeamento estava um policial.

Ninguém quis ver o meu passaporte. E assim, de repente e sem saber como, encontrava-me no reino de Fidel Castro, sem visto. Ninguém estava à minha espera, pois eu não tinha avisado as Irmãs da minha ida. Afinal, nem eu mesmo acrediva que conseguiria. Mais tarde, o núncio explicou-me que havia voos irregulares que levavam as mulheres dos políticos cubanos às compras na Nicarágua.

Madre Teresa tinha se encontrado com Fidel Castro alguns meses antes, para colocar as suas Irmãs à disposição dos mais pobres dos pobres e dos moribundos do seu país. Surpreendentemente, ele aceitou a oferta. Foi assim que as Irmãs foram para Cuba. Quando orientava o retiro, tornou-se evidente que as Irmãs só podiam atuar num único hospital e, dentro dele, numa única ala – e com um único moribundo!

As quatro Irmãs concentravam-se, então, naquele único ser humano. Tão grotesca limitação não lhes fora imposta por Fidel Castro, mas pelo diretor do hospital. As Missionárias da Caridade estavam, por isso, verdadeiramente desesperadas. Mas a madre superiora consolava-as: "Se Jesus quer concentrar tanto amor num moribundo, é porque ele certamente precisa". Dessa forma, conseguiam suportar as semanas em que só podiam ocupar-se daquela pessoa.

Mais tarde, a autorização foi expandida e as Irmãs puderam comprar um edifício. Evidentemente, os seus habitantes de longa data ainda moravam lá, e claro que as Irmãs não queriam desalojá-los. Criou-se, assim, uma situação complicada, porque as Irmãs deveriam deixar a casa antiga imediatamente, mas ainda não podiam mudar-se para a nova, por causa dos antigos inquilinos.

Daí adveio que as Missionárias não podiam cumprir o seu apostolado normal, nomeadamente visitar pessoas abandonadas ou doentes fora do hospital, porque tais visitas de Irmãs "estrangeiras" colocariam em perigo as famílias visitadas. Só as crianças pareciam desconhecer tal norma e vinham aos bandos encontrar as Irmãs. Qualquer contato com estrangeiros era considerado um perigoso delito no regime comunista totalitário. Quando falei dessa situação com Madre Teresa, ela disse espontaneamente: "Então que as Irmãs visitem o maior número possível de famílias, pois assim eles não conseguirão prender todas".

CAPÍTULO 13

Almas necessitadas

Desde o início, as comunidades fundadas por Madre Teresa tiveram um enorme desenvolvimento. Nos primeiros anos de existência, os mais pobres dos pobres, de quem as Missionárias da Caridade cuidavam, eram predominantemente pobres do ponto de vista material: depois da independência e da divisão da Índia, em 1947, milhões de refugiados transformaram Calcutá numa cidade de miséria humana.

Cerca de dez milhões de hindus e siques foram expulsos da então criada República Islâmica do Paquistão, com cerca de sete milhões de muçulmanos da Índia. Quase um milhão de seres humanos pereceram durante esses dramas de expulsão e fuga. Ainda em 1947 começou a primeira guerra indo-paquistanesa. A Índia resvalava de uma situação de penúria para outra, e a miséria humana aumentou de forma desmedida.

Mas Madre Teresa logo percebeu que também nos países ricos havia necessidades materiais e, além disso, uma miséria muito menos visível: uma carência a que não se podia acudir com uma tigela de arroz. "Quando uma pessoa está só ou abandonada, quando não tem trabalho ou não é desejada, quando é excluída e considerada a escória da sociedade", explicava ela muitas vezes, "essa é uma forma de pobreza, muito mais difícil de erradicar do que a fome. E essa pobreza se encontra também nos países mais ricos do mundo".

Por isso, Madre Teresa levava as suas Irmãs para muitas grandes cidades ocidentais, como, por exemplo, Roma, Londres, Nova York e Viena. Mas também não escapava à sua atenção o fato de, além dessas duas formas de pobreza, existir uma terceira, nomeadamente a pobreza da alma, que é ainda mais profunda do que a fome ou a solidão. Essa pobreza da alma se encontra nas pessoas sem Deus, em pessoas que não têm fé e que, muitas vezes, nem ao menos têm a possibilidade de ouvir falar da fé ou de exercê-la livremente.

* * *

No Lar dos Moribundos, em Calcutá, a pobreza material era enorme. Ao mesmo tempo, esse trabalho não era fácil para os voluntários. No início, era difícil para muitos lidar com os moribundos, mas também não era particularmente agradável esfregar o chão ou limpar os banheiros. Eu diria que nunca ninguém se oferecia. Como resultado dessa resistência dos voluntários, eram as Irmãs ou a própria Madre Teresa que limpavam os banheiros.

Talvez por razões pedagógicas – quem sabe? –, contava-se uma história surgida anos antes e que descrevia a relação entre a pobreza da alma e a pobreza material a partir de uma perspectiva pouco comum.

Um homem elegantemente vestido entrou no Lar dos Moribundos e pediu autorização para falar com Madre Teresa. As Irmãs informaram-no de que Madre Teresa estava nos fundos da casa, limpando os banheiros. Então ele foi na direção indicada e encontrou, de fato, Madre Teresa realizando a tarefa. Ela o viu chegar e, tomando-o, evidentemente, por um voluntário, explicou-lhe logo como usar a vassoura e como ali se limpava tudo e se poupava água. Passou-lhe, então, a vassoura e ali o deixou.

Quinze minutos depois, o homem voltou dos banheiros, dirigiu-se diretamente a Madre Teresa e disse: "Posso falar com a senhora agora?".

"Sim, claro!", respondeu Madre Teresa. O homem retirou um envelope do bolso e disse: "Madre Teresa, sou o representante da companhia aérea e aqui estão as suas passagens. Eu só vim trazê-las".

Tempos depois, esse homem não se cansava de contar o episódio, dizendo: "Foram os vinte minutos mais importantes da minha vida. Nunca antes senti tão grande alegria como naquele dia".

Quatro trabalhadores que Madre Teresa "recrutou" espontaneamente experimentaram também a alegria de poder ajudar: ao mobiliar um centro de apoio para os pobres, onde a própria Madre Teresa ajudava, eram necessárias mãos fortes para empurrar um pesado caixote. Ela abriu a porta, saiu à rua, olhou em volta e pediu a quatro homens que entrassem para ajudá-la. Depois de concluído o trabalho, soube-se que dois dos homens eram empregados de uma agência funerária e os outros dois, garis. Depois do trabalho, todos os quatro saíram de lá sorridentes e munidos de medalhas milagrosas.

Sim, há uma sede de sentido do que está lá em cima, de Deus. E, mais do que na Índia, sente-se no Ocidente que a nossa sociedade consumista não apazigua essa sede. Recordo-me de um incidente no norte de Itália. Pediram a Madre Teresa que fizesse um discurso para dez mil jovens. Acompanhei-a, supondo que seria o seu intérprete. Mas acontece que os organizadores tinham providenciado uma intérprete oficial. Atenta e maternal como sempre, Madre Teresa percebeu minha decepção e, para consolar-me, fez-me sentar ao lado dela na tribuna.

Ainda antes de começar, a jovem tradutora estava visivelmente nervosa. E então, quando Madre Teresa começou a primeira frase – "We read in the Gospel..." [Lemos na Sagrada Escritura] –, ficou evidente que se estava pedindo demais à intérprete. A palavra "Gospel" [Sagrada Escritura] era-lhe completamente desconhecida. Pouco depois, percebemos que a palavra "Eucaristia" lhe era igualmente desconhecida. Embora falasse inglês e italiano fluentemente, ela não tinha acesso ao mundo em que Madre Teresa vivia e do qual falava aos jovens. A realidade da fé era-lhe estranha. Começou a chorar. Com carinho, Madre Teresa passou o braço pelos ombros da jovem que chorava, sentou-a no lugar de onde eu, nesse meio-tempo, tinha me levantado, e disse-lhe algumas palavras de consolo.

Assim, coube a mim ser o intérprete. Embora já tivesse cumprido esta tarefa muitas vezes com Madre Teresa, só nessa ocasião tomei consciência de que ela utilizava um vocabulário muito próprio: conceitos extremamente simples, mas aos quais ela atribuía um significado muito especial. Certamente não traduzi tão bem quanto uma intérprete profissional poderia fazer, mas era claro para mim que a força do testemunho de Madre Teresa era o que tocava o coração das pessoas, não a qualidade da tradução.

* * *

As primeiras instalações das Missionárias da Caridade em Viena ficavam numa região onde viviam muitas pessoas pobres. Pouco tempo depois, estavam apinhadas de sem-teto e indigentes, e as Irmãs tiveram necessidade de procurar uma casa maior. Assim que chegou a Viena, Madre Teresa pediu uma lista de pessoas que poderiam ajudá-la a procurar uma casa. Pegou o telefone e ligou para cada uma delas. Não levou muito tempo até dois empresários do ramo dizerem que comprariam uma casa para Madre Teresa e a deixariam à sua disposição por um dólar ao ano.

Tal casa encontrava-se numa região pouco recomendável e até pouco antes da venda era utilizada como bordel. Para decidir se a casa poderia mesmo ser utilizada pelas Irmãs, Madre Teresa quis ir logo ver. Assim, chegamos, Madre Teresa e eu, a um bordel ainda em pleno funcionamento. Pensava comigo mesmo: "Será que Madre Teresa vai se recusar a entrar? E como é que ela irá reagir num lugar deste?".

Para minha surpresa, ela entrou como entraria em qualquer outro edifício e olhou em volta. Só eu, por causa dos quadros nas paredes e do cheiro, é que me sentia pouco à vontade e envergonhado, como se fosse responsável pelo fato de Madre Teresa ter de ver tudo aquilo. No entanto, ela nem sequer parecia reparar no mobiliário e nos quadros, antes dizia, ao passar pelos quartos: "Então, aqui fica a capela. Aqui o tabernáculo, aqui a cruz; nesta sala fazemos o refeitório e ali embaixo a cozinha". Poucos minutos depois ela já tinha decidido tudo. Na saída, virou-se para mim e disse: "Padre, abençoe tudo isto!".

Até hoje essa casa é um abrigo abençoado para mães necessitadas e para muitas pessoas pobres. Todos os dias centenas de sem-teto recebem ali uma refeição.

Uma das atitudes fundamentais que Madre Teresa sempre nos repetia era: "Temos de ser como os canos". Não importava se esses canos fossem de ouro, de prata ou de plástico. O importante é que fossem duradouros. Um dia, disse às Irmãs: "Vocês e eu, nós, não somos nada, e aí vemos a espantosa humildade de Deus. Ele é tão grande, tão maravilhoso, que se serve do 'nada-ser' para mostrar o seu 'grande-ser'. E é por isso que ele se serve de nós. Só temos de ser como os canos, condutores da misericórdia de Deus".

Este querer "nada-ser" ia ao encontro da sua consciência. Ela apenas queria ser "um lápis na mão de Deus", um sinal apontando para Jesus. A própria insignificância era, para Madre Teresa, o primeiro passo para a santidade.

O efeito que Madre Teresa produzia e ainda hoje produz em muitas pessoas é lindamente ilustrado através de uma história que um padre de sua congregação me contou. Pouco depois de Madre Teresa ter ganhado o Prêmio Nobel, ela foi recebida em San Francisco e homenageada com a entrega da chave simbólica da cidade. Essa homenagem foi transmitida por quase todas as estações radiofônicas locais. Um jovem, envolvido com tráfico de drogas e armas, dirigia na autoestrada ouvindo música no rádio. Quando a transmissão da cerimônia começou, ele começou a procurar outra emissora, mas, naquele momento, todas as estações transmitiam o discurso de Madre Teresa. Sentia-se frustrado por ser obrigado a ouvir um discurso em vez de música, mas decidiu simplesmente esperar até acabar o relato da entrega da chave. Depois de ouvir Madre Teresa durante uns minutos contra a vontade, desatou a chorar. E de forma tão convulsiva que precisou parar o carro no acostamento. Só quando a transmissão chegou ao fim é que ele conseguiu seguir viagem. De uma cabine telefônica mais próxima, ligou para uma das estações de rádio para perguntar quem fizera o discurso. Disseram-lhe: "Era Madre Teresa". Ele procurou e encontrou o endereço da casa das Irmãs em San Francisco, onde recebeu a indicação de que, em Nova York, havia uma comunidade masculina da mesma congregação. E assim foi ele para Nova York, à procura dos Padres Missionários da Caridade, onde fez um retiro. Confessou-se, pela primeira vez em muitos anos, e começou uma vida nova.

CAPÍTULO 14

No reino do Mal

Madre Teresa sabia que havia não só fome de pão, mas também uma fome muito maior de dignidade e de ser amado. "Não há só sede de água", repetia ela muitas vezes, "mas também sede da Palavra de Deus". Essa fome e essa sede existiam nos países ocidentais, com economia de livre mercado, e também nos chamados Estados do Bloco do Leste, anteriormente de regime comunista. Não podiam ser apaziguadas nem com o capitalismo nem com a ideologia marxista-leninista ou maoísta.

Um grande cinturão de estados ateístas, que ia desde a "Cortina de Ferro" na Europa Central até o Pacífico e que abarcava o Bloco do Leste, dominado por Moscou e pela República Popular da China, era antes, para as comunidades religiosas, e em especial para os missionários católicos, completamente inacessível. Qualquer forma de fé lá praticada, mesmo que privadamente, era perseguida e violentamente reprimida.

O Bispo eslovaco no exílio Pavol Hnilica, para quem eu trabalhava em Roma, pedia insistentemente a Madre Teresa que enviasse as suas Irmãs para a União Soviética. Ele conversava muito com ela sobre a sua experiência com o comunismo. Em 1984, ele mesmo se deslocou para a Índia a fim de convencê-la. Inicialmente ela hesitava, pois não queria que as Irmãs caíssem nas garras da política. Mas depois obteve a autorização – e a bênção – do Papa João Paulo II para a aventura na União Soviética. "A senhora vai aonde eu não posso ir!", respondeu o Papa. Um verdadeiro comando à marcha!

Numa viagem que fiz, em 1984, de Calcutá para Roma, com escala em Moscou, Madre Teresa entregou-me um saco plástico cheio de medalhas milagrosas, com o pedido de "plantá-las" em Moscou. Ela e as Irmãs pediriam insistentemente ao céu para que Nossa Senhora chamasse as Irmãs para Moscou e lhes abrisse a possibilidade de fundar uma comunidade religiosa na União Soviética.

Várias vezes, e nas mais diversas circunstâncias, Madre Teresa havia "plantado" medalhas anteriormente. Penso que era um ato muito seu de oração e fé. As medalhas tinham de cair no chão; em seguida rezava-se e depois era só esperar, com muita fé, pelo resultado.

Tal pedido a Nossa Senhora era enorme, pois a sua congregação seria a primeira ordem católica a entrar na União Soviética comunista. Consequentemente era também um pesado encargo levar para Moscou o saco com as muitas centenas de medalhas que Madre Teresa me tinha confiado.

Com um visto soviético podia-se, naquele momento, ficar em Moscou por até oito dias. O Bispo Hnilica e eu decidimos aproveitar ao máximo esse tempo para visitar a cidade e cumprir a incumbência de Madre Teresa. Mas, para isso, era preciso ultrapassar algumas dificuldades. E ainda me lembro bem do meu comentário não muito otimista a respeito e do que podíamos esperar desse arriscado empreendimento: "Oito dias em Moscou, vinte anos na Sibéria".

Mas vamos por partes: primeiro, voltamos para Calcutá, já atrasados, devido à última viagem com Madre Teresa à comunidade do sul da Índia e, por isso, fomos obrigados a adiar a partida para Moscou por uma semana. O escritório da empresa aérea Aeroflot em Calcutá mostrava-se relutante em emitir novas passagens, pois não tínhamos novo visto para apresentar. Por outro lado, o consulado soviético em Calcutá mostrava-se relutante em nos conceder o visto enquanto não apresentássemos as novas passagens. Quando as duas entidades, apesar de vários pedidos, se mostraram tão intransigentes, fiquei à beira do desespero, sem saber o que fazer.

Então, pensei em testar uma das medalhas milagrosas que Madre Teresa tinha confiado a mim para levar para Moscou com a funcionária do escritório da Aeroflot. O certo é que o primeiro milagre aconteceu. Dei a medalha à jovem e disse: "Vou tentar, mais uma vez, junto ao consulado, que me concedam o visto, mas na verdade não tenho mais esperanças".

Já estava na porta quando ela me chamou e disse: "Preste atenção, vou pôr um adesivo na sua passagem com a data alterada. Na verdade, não poderia fazer isso, mas mostre isso ao consulado e depois, se conseguir o visto, tire o adesivo e volte aqui. Então emito oficialmente uma nova passagem".

E assim conseguimos adiar a nossa viagem.

Nesse meio-tempo, ficamos sabendo que o Papa João Paulo II, de acordo com a mensagem de Fátima, queria consagrar a Rússia e o mundo inteiro ao Imaculado Coração de Maria no dia 25 de março de 1984, dia da celebração da Anunciação de Maria. O Papa pediu a todos os bispos que fizessem essa consagração nas suas dioceses. Mas quem faria isso no interior da União

Soviética, onde não havia nenhum bispo católico residente, cuja consagração Nossa Senhora desejava de modo tão especial?

Viajamos no avião da Aeroflot para Moscou, com escala por Bancoc, e chegamos na capital soviética depois da meia-noite. O Bispo Hnilica e eu fomos os únicos passageiros a não embarcar diretamente em outro voo, pois queríamos aproveitar os dias de permanência em Moscou. Tivemos, por isso, de passar pela alfândega, que, na União Soviética, era muito rigorosa e desagradável. Assim, a nossa bagagem foi toda revistada, e encontraram não só a suspeita cruz peitoral do bispo e algumas moedas do Vaticano, como também o saco com as centenas de medalhas milagrosas. Sabia-se que, naquele momento, era absolutamente proibido levar objetos religiosos para a União Soviética, então estávamos em grandes apuros. Para um bispo eslovaco no exílio, viajar para a URSS não era de modo algum seguro.

Mas também aqui se viu a força milagrosa das medalhas: o Bispo Hnilica perguntou ao funcionário da alfândega se gostava da medalha e se não queria uma. O funcionário olhou rapidamente para o lado, assentiu e pegou a medalha. Tínhamos ultrapassado a alfândega.

A medalha – ou melhor, Nossa Senhora – operou um pequeno milagre semelhante alguns dias depois, em 24 de março, véspera da festa litúrgica da Anunciação de Maria, quando João Paulo II queria consagrar o mundo ao Imaculado Coração de Maria. Convidados pelo funcionário de uma embaixada, fomos deixados "por acaso" no Kremlin com um grupo de diplomatas, para visitarmos as igrejas. O funcionário que controlava as entradas reparou em uma bolsa que o bispo carregava e proibiu-o de a levar. De novo outra medalha, um olhar rápido para o lado, para os colegas policiais, um aceno – e assim estávamos no Kremlin com a bolsa do bispo, onde pudemos visitar não só a maravilhosa Igreja do Arcanjo Miguel, como também a Igreja da Anunciação de Maria. O conteúdo da referida bolsa era muito importante para o plano seguinte. Queríamos celebrar a Santa Missa naquela igreja que, no meio do Kremlin, o centro do poder soviético, era consagrada ao segredo da Anunciação de Maria.

Encostados no Trono do Patriarca, celebramos a Santa Missa na Igreja da Anunciação, sem sermos notados pelos inúmeros turistas. O jornal *Pravda* [em português, "Verdade"], por seu grande formato, protegia-nos dos olhares. Por trás desse jornal de propaganda oficial do governo conseguimos, sem problemas, ocultar os folhetos da missa copiados e ainda o folheto para a consagração do mundo ao Imaculado Coração de Maria.

Depois de concluirmos a consagração, lembrei-me da incumbência de Madre Teresa: plantar as medalhas no coração de Moscou. Na Igreja da Anunciação, estavam os túmulos de vários czares, muitas vezes a pouca distância da parede, e o meu pressentimento era de que uma medalha colocada numa fenda por detrás desses túmulos poderia, certamente, produzir frutos durante séculos, sossegadamente. Num instante em que ninguém estava reparando, atirei uma medalha para trás do túmulo.

Infelizmente, naquele exato momento, o burburinho geral dentro da igreja cessou. Ouviu-se, com toda a nitidez, o "plim-plim-plim" da medalha caindo no chão. Num instante apareceram cinco seguranças que se puseram, nervosos, à procura da origem de ruído tão invulgar. Rapidamente tive de fazer o papel de turista despreocupado, embora o meu coração estivesse muitíssimo acelerado. Ao fim de cinco longos, muito longos, minutos de buscas infrutíferas, os funcionários desistiram. É provável que essa medalha ainda esteja lá e esperemos que lá permaneça durante os próximos cem anos, atrás do túmulo do czar, na Igreja da Anunciação de Nossa Senhora, no Kremlin.

A oração e a fé de Madre Teresa fizeram com que essa medalha desse muitos frutos: na região da antiga União Soviética existem hoje mais de vinte comunidades das Missionárias da Caridade.

No dia seguinte, iniciamos a viagem de volta, para Roma. Ao sair do hotel, quando quis pagar a nossa conta à sonolenta senhora da recepção e lhe dei os nossos nomes, ouvi apenas um brusco "Njet" ["Não"]. Repeti os nomes, mas, uma vez mais, seguiu-se um "Njet". O bispo, ao obter, mesmo em russo, um "Njet" como resposta, limitou-se a dizer: "Bom, então fomos mesmo hóspedes de Nossa Senhora". E saímos do hotel sem problemas.

Quis o acaso que, por causa da diferença horária de duas horas, aterrissássemos em Roma às dez da manhã. Tivemos a ideia, então, de celebrarmos, mais uma vez, a consagração "oficial" do mundo a Nossa Senhora no final da missa solene, na Praça de São Pedro, juntamente com o Papa. Mesmo quando já tínhamos perdido a esperança de chegar ao Vaticano a tempo, devido à inércia do trânsito de Roma, outra coisa havia de acontecer. Um guarda suíço conduziu o bispo e a mim através da basílica vazia, depois atravessamos o grande portal e fomos envolvidos pela luz ofuscante que resplandecia sobre a Praça de São Pedro, naquela linda manhã de domingo. Foi no exato momento em que o Papa iniciava a oração da consagração: "À vossa proteção nos acolhemos, Santa Mãe de Deus...".

Depois dessas celebrações o Bispo Hnilica relatou ao Santo Padre a consagração secreta no Kremlin, entregou-lhe uma maçã comprada num mercado em Moscou... e uma das medalhas milagrosas que havia sobrado. O Papa ficou profundamente emocionado com tais acasos divinos, vendo-os como uma confirmação de Nossa Senhora quanto à legitimdade da consagração e a satisfação do seu pedido em Fátima.

* * *

Um ano depois, em 1985, Mikhail Gorbachev subiu ao poder em Moscou e, para Madre Teresa, os milagres começaram a suceder-se. Se foi possível fundar uma comunidade com quatro freiras na União Soviética, na década de 1980, só podia ser "obra dele"! Portanto, um milagre simplesmente.

Só os princípios legais – e ainda mais a doutrina política – pareciam excluir logo de início a fundação de uma comunidade de freiras católicas na União Soviética. A lei proibia as organizações de caridade na região da URSS. Para que serviriam associações caritativas se a doutrina ideológica assentava-se sobre a crença de que o Estado e o Partido Comunista supririam as necessidades de todas as pessoas?

No "paraíso dos trabalhadores" que era a União Soviética, não poderia haver nenhum ser humano negligenciado. Isso era um dogma comunista.

Assim, a primeira resposta que um alto funcionário do Partido deu ao pedido de Madre Teresa para levar as Missionárias da Caridade para Moscou foi: "Nós não temos pobres aqui. Então, o que as suas Irmãs poderiam fazer? Ao contrário do Ocidente, aqui o Estado dá às pessoas tudo aquilo de que elas precisam".

Calma e pragmática, Madre Teresa retorquiu: "Elas hão de proporcionar carinho e cuidados a quem não tem ninguém na vida. O Estado não consegue fazer isso".

Não sabemos a razão, mas, em 1988, a lei que proibia o trabalho de organizações caritativas foi alterada. Foi assim que surgiu, pela primeira vez, a possibilidade de lá estabelecer as Missionárias da Caridade. De que também isso fora "obra dele" Madre Teresa estava convencida. Foi necessário percorrer um longo caminho de "milagres preparatórios" para que as Irmãs pudessem oferecer carinho e cuidados aos mais pobres dos pobres na União Soviética.

Em julho de 1987, as duas diretoras americanas, Ann e Jeanette Petrie, apresentaram o seu documentário *Mother Teresa: the legacy* [O Legado de Madre Teresa] no Festival de Cinema de Moscou, ganhando, com longo aplauso do público, o prêmio do Comitê Soviético para a Paz. Até aquele momento, quase ninguém, na União Soviética, ouvira falar de Madre Teresa, e logo se perguntava por que razão aquela pequena mulher, que viajava por todo o mundo e fazia coisas tão extraordinárias, nunca havia estado na União Soviética. A resposta era simples: nunca ninguém a tinha convidado.

Logo após a premiação do documentário, o que deve ter tocado também o coração de muitos dos grandes dignitários do partido, foi concedido à própria Madre Teresa o prêmio do Comitê

Soviético para a Paz, cujo presidente de então se chamava Genrikh Borovik. Com a atribuição do prêmio, surgiu a oportunidade de convidar Madre Teresa. E ela aceitou o convite de bom grado. A toda pressa tratou-se do visto e dos documentos necessários para tal "investida" no centro do comunismo mundial.

Jeanette Petrie, a diretora e, ao mesmo tempo, uma grande colaboradora das Irmãs, organizou a viagem. Para grande susto seu, na noite anterior ao voo para Moscou Madre Teresa revelou uma surpresa: ela ia ficar espantada com quem os acompanharia na viagem. A senhora Petrie, que conhecia bem a capacidade empreendedora de Madre Teresa, mostrava-se alarmada: "Madre, certamente não conseguiremos mais nenhum visto para outra pessoa!".

"Esta pessoa não precisa de visto", disse Madre Teresa com um sorriso. E apresentou uma imagem de Nossa Senhora com cerca de setenta centímetros ao atônito grupo de viajantes. "Ela quer muito viajar conosco", explicou Madre Teresa, "pois temos um acordo: ela me ajuda a entrar num país difícil, e eu a levo comigo. É assim que funciona sempre".

Com a estátua no braço, em 19 de agosto de 1987, Madre Teresa, pela primeira vez na vida, foi a Moscou, onde, numa cerimônia festiva na presença de inúmeros jornalistas, seria entregue a ela o prêmio do Comitê Soviético para a Paz. Ela devia saber perfeitamente da intenção de muitos dos funcionários comunistas a instrumentalizarem do ponto de vista político. Madre Teresa, contudo, nunca se deixava envolver em questões políticas.

Em Moscou não foi diferente: no discurso de agradecimento, manifestou o seu desejo: "Não tenho ouro nem prata", disse, citando as palavras de São Pedro dirigindo-se ao mendigo coxo que se encontrava na Porta Formosa (At 3,6), "o meu presente aos povos da União Soviética são as minhas Irmãs, que lhes ofereço". E assim deu início a algo que, até então – tanto dentro como fora da União Soviética –, ninguém teria pensado ser possível: oferecer Jesus aos mais pobres dos pobres da Rússia, no coração do comunismo mundial e sob a forma de sacramento e serviço carinhoso de uma Ordem religiosa. Dada a perseguição aos cristãos, iniciada em 1917 com a subida de Lênin ao poder, dada a constante repressão da fé naquele império, que o presidente dos Estados Unidos, Ronald Reagan, apelidara de "reino do Mal", isso foi um verdadeiro milagre.

* * *

Passou-se mais de um ano até as Irmãs "oferecidas" receberem o visto. Finalmente, em 15 de dezembro de 1988 pude acompanhar Madre Teresa, Ir. Mala – designada para provincial –, a senhora Petrie e quatro Irmãs ao aeroporto de Roma. O destino era Moscou. Havia lá um único padre católico, o Padre Norman, que desempenhava as funções de diplomata na embaixada francesa. Por isso Madre Teresa queria levar um padre para as suas Irmãs. Eu obtivera autorização do meu bispo em Roma para ficar a serviço de Madre Teresa, caso ela precisasse de mim. Então, por precaução, já tinha requisitado o visto para a União Soviética, mas esperava entrar na época do ano-novo.

Numa visita de Madre Teresa ao Cardeal Ângelo Sodano, o secretário de Estado do Papa, este outorgou-me os poderes de que eu necessitaria quando entrasse na União Soviética: a autorização de batizar e crismar, bem como "convalidar" casamentos católicos realizados em segredo e sem padre no território soviético. Embora contasse ser chamado a Moscou por Madre Teresa alguns dias depois do Natal, já tinha o meu visto pronto no bolso.

Quatro dias antes do Natal, ia eu a caminho de Roma para Munique, com passagem por Viena, para festejar a Noite Santa com os meus irmãos, quando me chegou um fax de Moscou: "Querido P. Leo, venha imediatamente, traga tudo, Deus o abençoe, Madre Teresa MC". Meus irmãos estavam céticos em relação ao meu palpite de que estaria de volta de Moscou para a Noite Santa. Eles tinham razão: fiquei até julho.

Na noite do mesmo dia, subi, com mais duas Irmãs, para o avião com destino à Rússia. Madre Teresa foi esperar-nos no aeroporto de Moscou. Estava toda entusiasmada e acolheu-nos com estas palavras visionárias: "Pedi a Nossa Senhora que nos oferecesse uma casa na União Soviética por cada mistério do rosário (antes eram quinze, hoje são vinte ao todo)". Tendo ainda presente as dificuldades que o nosso primeiro grupo de Irmãs e eu mesmo tivemos para obter a autorização de entrada, sorri constrangido. Pensei com os meus botões, com uma ponta de irreverência: "Ela está ficando velha e começa a delirar".

Dez anos mais tarde, em 25 de agosto de 1997, duas semanas antes da morte de Madre Teresa, eu terminava o retiro em Moscou para todas as madres superioras das comunidades constituídas na já desmoronada União Soviética. Uma fotografia do grupo mostra a indescritível força visionária de Madre Teresa: eram precisamente quinze madres superioras de quinze comunidades com as respectivas assistentes. Cada comunidade usa ainda hoje o nome de um dos mistérios do terço.

* * *

Eu conhecia a União Soviética de outras visitas, e conhecia também o sentimento de impotência que se pode experimentar quando uma pessoa, na alfândega ou na entrada de um hotel, se encontra com os prepotentes policiais ou funcionários dos serviços secretos. Para as joviais Irmãs, deve ter sido um choque profundo alguém dirigir-se-lhes com modos bruscos: "Cale-se! Fale só quando lhe perguntarem alguma coisa!".

Naquela época ainda éramos estrangeiros privilegiados. Lenta, mas continuamente, crescia em mim um sentimento de angústia, medo até. Sentia a garganta apertada e o instinto de fuga vivia desperto em mim. Mas, tendo em vista que uma fuga da União Soviética seria impossível, por causa do rigorosíssimo controle, sentia-me numa enorme e hermeticamente fechada prisão.

Essa situação tinha, no entanto, um lado positivo: a oração "À vossa proteção nos acolhemos, Santa Mãe de Deus..." tornava-se, subitamente, extremamente atual. Essa oração, a mais antiga oração mariana que se conhece, encontrada num papiro egípcio do século III, despertou em mim uma grande confiança em Deus: os anjos e os santos são os nossos companheiros constantes e, por fim, a nossa única proteção.

O trajeto ao centro de Moscou, onde as Irmãs estavam provisoriamente alojadas em três quartos de um hospital, percorreu séries infindáveis de blocos de habitação feios e frios, passando por pessoas vestidas com roupas escuras, cujos rostos sérios e tristes deixavam adivinhar pobreza de alma e profundo abatimento. Mesmo o Kremlin e a adjacente prisão de Lubljanka, em cujos sete andares de profundas celas milhares de opositores ao regime foram torturados e mortos, deixavam-nos uma impressão perturbadora.

Visitamos a única igreja católica em Moscou, uma cidade com milhões de habitantes. São Luís ficava, significativamente, apertado entre dois edifícios dos serviços secretos soviéticos, a famigerada KGB. Sabia-se – e dizia-se, pelo menos à boca pequena – que as prisões subterrâneas da KGB estendiam-se por baixo da igreja.

A comunidade de crentes era pequena e constituída quase exclusivamente por mulheres idosas, as "babuskas" – vovozinhas. Era nitidamente perceptível a atmosfera de medo e suspeita perante um visitante desconhecido. Devia estar ainda bem presente a memória dos anos quentes da revolução, quando o serviço secreto apreendia os registros de batismo e sistematicamente prendia e matava os crentes de acordo com os registros obtidos. O padre, muito velho e quase cego, celebrava todos os dias, ao longo do ano, o mesmo serviço religioso: a missa pelos fiéis defuntos.

Madre Teresa tinha uma explicação simples e ao mesmo tempo libertadora para esse fato macabro: "Ele é cego e é capaz de estas serem as únicas orações da missa que ele sabe de cor, as da missa pelos fiéis defuntos".

Assim como em todos os lugares em que se fundava uma comunidade, também na Rússia a primeira preocupação de Madre Teresa foi organizar uma capela com o Sacrário numa das três salas colocadas à disposição no sétimo andar do Hospital Bolsheviskaya. "Tenho sede" – as últimas palavras de Jesus na cruz podem ser lidas em todas as capelas das Irmãs, por baixo do braço direito do Crucificado. Explicam também por que razão Madre Teresa queria levar as Irmãs até o centro do ateísmo: o anseio amoroso de Deus e a sua "sede" de amar e ser amado não são limitados por fronteiras políticas nem culturais ou estatais.

Depois, chegou a noite de Natal. No meio da pobreza espiritual da cidade e rodeado das pessoas que sofriam no grande Hospital Bolsheviskaya, o pequeno grupo em volta de Madre Teresa celebrava a Missa da Meia-Noite. Não era apenas a altura do sétimo andar que nos fazia estar perto do céu: com autorização oficial, o nascimento de Cristo era celebrado por um pequeno grupo de freiras missionárias católicas, pela primeira vez desde a Revolução de Outubro de 1917, no coração da União Soviética.

Espalhou-se como um rastilho, entre as enfermeiras, os médicos e os pacientes, a notícia de que se celebrava uma missa no hospital naquela noite. Em silêncio vieram e em silêncio também se foram os primeiros visitantes da capela do hospital, que, naquela noite, ficou cheia, abarrotada.

CAPÍTULO 15

Natal soviético

O "mar de miséria" era uma presença constante na União Soviética. Tornava-se ainda maior pela triste circunstância de, na segunda semana de dezembro de 1988, a terra ter tremido na Armênia e, por causa da intensidade do tremor, edifícios de vários andares terem desmoronado como castelos de cartas. As regiões em torno de Spitak e Leninakan (hoje Gjumri) foram especialmente atingidas, contando com mais de trinta mil vítimas, entre as quais milhares de crianças.

A casa das Irmãs em Moscou ainda não estava pronta quando Madre Teresa aceitou o convite de uma representante do Comitê Armênio para a Paz no sentido de enviar quatro Irmãs, acompanhadas pelo padre, para Ierevan, a capital da Armênia. Elas deveriam oferecer "amor e serviço humilde" num hospital pediátrico, a fim de proporcionar conforto e esperança às crianças e seus familiares num tempo muito difícil. O hospital fora construído poucos anos antes e tinha capacidade para cento e vinte crianças. Mas, no momento, estava ocupado com mais de seiscentas, sendo a grande maioria vítimas do tremor de terra.

Nossa partida rápida e precipitada de Moscou não deixou tempo para preparativos. Como muitas vezes, também nesse caso, as longas esperas não eram típicas de Madre Teresa. O

Natal, a celebração do nascimento de Jesus era, a seus olhos, precisamente o dia certo para acorrer em auxílio da população armênia em sofrimento, com quatro Irmãs e um padre. O voo de Moscou para Ierevan foi, por isso, marcado para a tarde do dia de Natal. Nem a nossa surpresa pela pressa nem a furiosa tempestade de neve podiam retardar a partida, pelo menos até o aeroporto de Scheremetievo.

Tendo em vista que não só Moscou como também o nosso destino de viagem, Ierevan, ameaçavam afundar em neve, tivemos de esperar durante horas no aeroporto. Como Madre Teresa continuava a ser tratada como convidada de honra do Comitê para a Paz, então também nós éramos considerados VIPs e assim pudemos passar o tempo de espera numa sala especial do partido – ou da KGB – no aeroporto. O silêncio geralmente pesado, constrangido, ou talvez o ambiente de medo no salão dos grandes chefes do partido e da administração não podia contrastar mais e transformar-se tanto como através da animada tagarelice das jovens Irmãs indianas, cor de café, nos seus luminosos saris branco e azul.

Saris indianos e a tempestade de neve de Moscou. Vento gélido a temperaturas negativas e Madre Teresa com as suas sandálias de couro abertas, sem meias. De que forma mais nítida se poderia representar o contraste entre o poder comunista e a pobreza evangélica? Foi assim que o sala da KGB sofreu uma transformação que ninguém esperaria naquele edifício de concreto, com seus móveis de plástico e de mau gosto e passadeiras incrivelmente malcuidadas.

Já que era inevitável, a espera foi preenchida por Madre Teresa com apostolado, oração, animadas conversas e brincadeiras com as Irmãs. Da mesma forma, os convidados da sala VIP foram também amistosamente cumprimentados, e até o primeiro sorriso tímido foi recompensado com uma medalha milagrosa retirada do saco dos objetos comuns e dos tesouros de Madre Teresa. Ela e as Irmãs aproveitavam cada olhar curioso ou interrogativo como uma oportunidade de oferecer um sorriso ou uma palavra gentil. Em breve, todos os convidados tinham a "Bogorodiza" [Nossa Senhora] – esta palavra russa já era conhecida de Madre Teresa – sob a forma de uma medalha milagrosa pendurada numa corrente ou num fio em volta do pescoço ou guardada na carteira. Aos que falavam um pouco de inglês, Madre Teresa ensinava uma oração: "Mary, Mother of Jesus, be a Mother to me" ["Maria, Mãe de Jesus, sê minha Mãe também"].

Eram grandes a alegria e o espanto causados por esses pequenos gestos de amor. Mas grande foi depois o espanto geral quando se juntaram as poltronas e as Irmãs, em consideração aos presentes, começaram a rezar e a cantar baixinho a oração do meio-dia, na sala VIP dos poderosos da União Soviética. Nesta grande sala de espera reinava um silêncio que seria digno da devoção em uma catedral na Noite Santa. O meu único receio inconsciente era de que os guardas à porta pudessem pôr um fim rápido à animação no centro do poder soviético e restabelecer a "normalidade" ateísta.

Mas nada disso aconteceu: assim que soou a última saudação a Nossa Senhora, surgiram sacos e saquinhos com pão escuro e fresco de Moscou, queijo cremoso e – para enorme surpresa – pequenos ovos de Páscoa de chocolate. Ovos de Páscoa no Natal!

Todos os viajantes foram convidados a partilhar o pão e os ovos de Páscoa, mas só os mais corajosos aceitaram o copo de plástico com o líquido espumante, verde-amarelado, que surgira de dentro do saco de uma das Irmãs. Meia hora de animação depois, quando os restos já estavam guardados e os copos de plásticos lavados, chegou o momento de um merecido descanso. Madre Teresa sentou-se numa pseudobarroca poltrona sob um enorme quadro, pegou um dos jornais diários e começou a decifrar os caracteres cirílicos que tinha aprendido em criança, na escola sérvia de Skopje. Depois adormeceu, cobrindo-se quase por completo com o jornal. Uma imagem que nunca hei de esquecer: Madre Teresa, no dia de Natal de 1988, em Moscou, o coração do Império Soviético, sentada num trono barroco por baixo de um retrato monumental de Lênin e coberta com o jornal comunista *Pravda*. E assim dormia, perfeitamente em paz.

* * *

Sobre a pista caíram ainda durante horas os grandes flocos de neve. Só à noite é que se pôde pensar em partir de Moscou. Enquanto uma série de outros voos foram cancelados, o nosso avião levantou voo quando a noite já ia alta. Continuou incerto até o último momento se poderíamos aterrissar no aeroporto de Ierevan, a capital afetada pelo tremor de terra. Poucos dias depois do terremoto devastador, chegaram equipamentos militares de ajuda, itens de primeira necessidade e pelotões de busca das vítimas do terremoto, ainda antes dos equipamentos civis. Depois de uma série de "novenas expressas" de que Madre Teresa tanto gostava, aterrissamos no meio de uma tempestade de neve. O piloto tentava uma aproximação que mais parecia as voltas de um carrossel. O avião balançava e chiava tanto que metia medo.

Por um momento pensei que seria consolador morrer ao lado de Madre Teresa. Mas, depois, começou a crescer um outro sentimento, ainda mais forte, que também outros em muitas situações de crise com Madre Teresa devem ter experimentado: na sua presença, raramente surgia o medo ou o pânico. Era como se a mão que, de forma tão evidente, guiava e amparava Madre Teresa também nos amparasse e protegesse enquanto estivéssemos junto dela.

Assim que aterrissamos em Ierevan, a situação de crise seguinte não se fez esperar. Passava pouco da meia-noite e tínhamos acabado de sair do pavilhão principal do aeroporto quando, atrás de nós, todas as luzes se apagaram e as portas se fecharam. Pelo visto, ninguém mais esperava a nossa chegada. Ao menos ninguém tinha vindo nos receber.

Assim, ficamos na rua naquela noite de Natal, no meio de uma forte nevasca e de um frio de rachar, sozinhos e às escuras. A capital, Ierevan, ficava a muitos quilômetros de distância. Dessa vez não foi uma "novena expressa", mas o rosário, que Madre Teresa começou a rezar conosco: "Alegra-te, cheia de graça! O Senhor está contigo...". Ainda não tínhamos acabado as dez Ave-Marias quando Madre Teresa, dizendo em voz alta "Vejam só como Jesus é bom!", nos chamou a atenção para o fato de Deus novamente nos ter ajudado – a ela e a nós – agora sob a forma de um grande carro da polícia, cujas luzes surgiram de repente em meio à densa nevasca.

Pelas dimensões, imaginei que o carro se destinasse ao transporte de tropas ou à transferência de presos. Eu não me importaria em nada se a sua guarnição levasse diretamente para uma instituição fechada os que ali caminhavam pela estrada coberta de neve, de saris exóticos e sandálias, no meio da noite. Em vez disso, porém, transportaram-nos, como pelo visto era sua incumbência, até o hospital pediátrico da capital, que, durante os meses seguintes, haveria de ser o novo lar das Irmãs e meu também.

A polícia deve ter informado à direção do hospital que afinal tínhamos aparecido, apesar da tempestade, pois na entrada havia uma enorme delegação à nossa espera: a diretora, médicas e muitas senhoras – aparentemente, todas amigas da diretora – e o pessoal de segurança, que eu, na minha fantasia, associei logo à KGB: todos se esforçavam por nos transmitir a impressão de que tinham tudo preparado para a nossa chegada.

* * *

Assim que nos mostraram as instalações, Madre Teresa, brincando amigavelmente, mas ao mesmo tempo muito determinada, começou logo a distribuição do espaço. Muitas salas não estavam à nossa disposição. O hospital, como já foi dito, fora originalmente concebido para cento e vinte crianças. Agora, depois do terremoto, estava ocupado com mais de seiscentas, muitas delas gravemente feridas. Elas estavam pelos corredores e nos vãos de escadas.

Tinham destinado dois quartos para as quatro Irmãs que Madre Teresa trouxera. Num deles, sem hesitar um instante, Madre Teresa começou logo a organizar a capela: tirou da bagagem uma cruz e um pequeno tabernáculo portátil. Poucos minutos depois, a cruz com a frase "Tenho sede" estava pendurada na parede; de uma mesa fez-se um altar e desenrolou-se uma esteira no chão. Assim, logo se pôde fazer a primeira oração de graças e a oração da noite.

Numa outra parte do mesmo andar, Madre Teresa destinou-me um quarto de sete metros quadrados com uma pequena claraboia. Devo ter olhado lá para dentro um pouco surpreendido e talvez até horrorizado. Madre Teresa, que já inspecionara aquele buraco escuro, afirmou: "Padre, agora você é missionário de verdade!". Nas suas palavras havia um tom de alegria triunfante, difícil de não perceber.

Depois, tirou um pacotinho de ameixas secas do seu "saco da abundância", remendado em muitos lugares, e disse-me "Boa-noite!". E ali fiquei eu, com uma ameixa na mão, num quarto minúsculo, em parte ocupado por uma cama, isto é, um estrado e dois sacos de palha costurados como colchão.

Que havia eu de fazer naquele quarto? Não tinha nada, rigorosamente nada, a não ser a roupa que estava vestindo. Minha bagagem perdera-se no voo de Roma para Moscou e nunca mais aparecera. Consolei-me com o pensamento de que tais instalações seriam só por uma noite.

A minha aventura Armênia tinha começado. Naquela noite singular, na longínqua Ierevan, devorei o meu suntuoso jantar: a ameixa que Madre Teresa me dera. Depois quis jogar fora o caroço. Mas, alto lá! Nada de desperdiçar! Quem sabe se o caroço não poderia ainda servir para alguma coisa? E assim foi: durante as duas semanas seguintes, na falta de coisa melhor, ele foi a minha escova de dentes.

Esgotado, dormi de um sono só as poucas horas até a missa da manhã. Sem dúvida não teria dormido tão bem se soubesse que o "caixote de dormir com claraboia" não seria uma solução de emergência para uma noite, mas sim o meu dormitório durante os seis meses seguintes.

CAPÍTULO 16

Aventura armênia

As condições de vida e habitação nas semanas seguintes, que acabaram por se transformar em meses, foram das mais pobres que alguma vez experimentei na vida: não havia eletricidade e por isso também não havia luz num quarto sem janela para o exterior. Apenas uma claraboia que dava para um escritório. Não havia condições para higiene no quarto e, naturalmente, também não havia água quente nos banheiros comuns adjacentes. No entanto, ao olhar para trás, posso dizer que os meses seguintes foram os mais belos da minha vida.

A causa estava possivelmente nas "instruções de serviço" que Madre Teresa nos deu logo na manhã seguinte, depois da Santa Missa: "Por que viemos para cá? Viemos para anunciar Jesus aos mais pobres dos pobres, e anunciar que oferecemos amor e serviço humilde – e tudo isso com um sorriso".

Logo naquela manhã iria testemunhar uma cena que me mostrou o que significava, na prática, "amor e serviço humilde". Saí do quarto e ia virando a esquina para subir pelas escadas quando vi um grupo de curiosos. Estavam parados olhando, visivelmente fascinados, na mesma direção. Só minutos depois o grupo se pôs de novo a andar. Foi então que vi o motivo do seu fascínio: curvadas para a frente, Madre Teresa e duas das Irmãs esfregavam o chão com alguns trapos.

Embora o hospital já estivesse em funcionamento havia três anos, as instalações sanitárias, bem como os longos corredores e as escadas, ainda não – de fato, nunca! – haviam sido lavadas. Sob a orientação de Madre Teresa e com a sua ajuda, as Irmãs puseram em prática, logo no mesmo dia, as "instruções de serviço", sem uma palavra. A seguir, todas as instalações sanitárias e todos os corredores foram sistematicamente limpos, a começar do andar mais alto.

Enquanto isso, as crianças feridas ou traumatizadas recebiam carinho, tomavam banho e ganhavam uma medalha milagrosa. As Irmãs apoiavam o pessoal do hospital sempre que possível e animavam o pessoal de enfermagem. Isso era, na verdade, mais do que necessário, pois os médicos e as enfermeiras estavam completamente esgotados, por causa da constante afluência de pessoas resgatadas, em grande parte crianças com ferimentos graves.

O terremoto, pouco antes do Natal, ceifara mais de trinta mil vidas na Armênia, uma região preponderantemente habitada pelos poucos católicos do país. Durante mais de sessenta anos, muitos deles tinham preservado a sua fé, frequentemente em segredo e sob as mais difíceis condições. Agora, o hospital pediátrico de Ierevan, a capital da República Soviética da Armênia, encontrava-se em estado de desesperada superlotação. É possível que só na eternidade venhamos a conhecer o plano de Deus.

* * *

Logo depois, em 28 de dezembro, Madre Teresa assinou um acordo com o Comité para a Paz, a organização estatal na União Soviética responsável pelo controle de todos os estrangeiros que não fossem meros turistas. Madre Teresa obrigava-se, ou, melhor dizendo, obrigava-me a ficar exclusivamente a serviço das Irmãs dentro do hospital, a não fazer conferências públicas ou celebrações litúrgicas fora do hospital nem provocar agitação política. Claro que isso era impossível de cumprir: enquanto padre, não podia cuidar exclusivamente do bem-estar espiritual das Irmãs.

Quando uma das crianças estava morrendo, as jovens médicas que trabalhavam acima de mim nos cuidados intensivos faziam-me sinal, batendo três vezes com o salto do sapato. Eu corria ao primeiro andar e recebia, por exemplo, a informação: 18c. Então, já sabia que a terceira criança do quarto 18 estava às portas da morte e exercia o meu dever de sacerdote. Batizei, assim, muitas crianças nos últimos momentos de vida. Não era um ato destituído de risco, como mostrava o exemplo de um padre polonês que fora para a Armênia como voluntário e certo dia, a pedido dos pais, batizou uma criança. As autoridades descobriram e no dia seguinte ele foi expulso.

Em alguns casos concretos questionei-me em que circunstâncias poderia ministrar o Batismo a um adulto não batizado no momento da sua morte. Lembro-me de Madre Teresa me explicar que um moribundo não tinha de conhecer toda a doutrina da Igreja Católica para que pudéssemos batizá-lo. No momento da morte bastava que ele apreendesse o cerne da doutrina, nomeadamente o amor de Deus – se ele "gostaria de ir ao encontro de Deus, para o qual as Irmãs o enviavam". Uma pergunta maravilhosa à qual ninguém que tivesse experimentado o amor de Deus através daquelas carinhosas mãos poderia responder "não".

Os extremosos cuidados das Irmãs produziam um efeito tão fantástico na recuperação das crianças que ocorriam curas quase inexplicáveis. Uma das Irmãs de Madre Teresa tinha, a meu ver, um dom muito especial de curar. Quando rezava pelas crianças, quando pousava a mão em cima delas e as benzia, muitas melhoravam rapidamente, de forma espantosa. Foi o que aconteceu com uma menina que apresentava progressiva paralisia dos membros e das vias respiratórias. A paralisia alastrava-se cada vez mais pelo corpo da criança. Quando os médicos admitiram que ela poderia morrer ainda naquela noite, ouvi de novo o sinal das três batidas, subi e batizei a criança. A referida Irmã estava junto de mim e rezava pela menina. Estávamos convencidos de que no dia seguinte teríamos de encomendar o corpo da criança.

Mas, no dia seguinte, a paralisia das vias respiratórias tinha regredido e a criança voltou a respirar espontaneamente. Três semanas depois ela foi ao encontro da Irmã na capela para lhe mostrar uma dança, em sinal de agradecimento pelas suas orações. A cura foi tão extraordinária que os médicos relataram à diretora do hospital – e esta ao Conselho de Medicina da Armênia. A cura inexplicável acabou por ser incluída num relatório às autoridades sanitárias em Moscou, que tudo inspecionavam.

Moscou enviou para Ierevan uma delegação de médicos e psiquiatras com a missão oficial de descobrirem quais os "métodos de cura" empregados pelas Irmãs de Madre Teresa. Durante uma tarde inteira fomos interrogados por três médicos e psicólogos, entre os quais um assistente muito jovem. As Irmãs mostraram as medalhas milagrosas e explicaram como se rezava. Dada a ideologia do Estado, fortemente materialista, foi de certo modo surpreendente ver como a comissão de investigação se deu por satisfeita com tal explicação. Pegaram as medalhas milagrosas, colaram-nas numa folha de papel do seu relatório de várias páginas e voltaram para Moscou satisfeitos.

Dois anos mais tarde, estava em Moscou, numa esquina, quando de repente ouvi um homem chamando-me do outro lado: "Padre Leo, Padre Leo!". Olhei e reconheci o antigo assistente da comissão de investigação.

"Padre, é um acaso extraordinário encontrá-lo neste momento!", disse ele. "Fui batizado ontem na Igreja Ortodoxa. Deve ter sido também o efeito da medalha milagrosa que nos deu".

* * *

O Comitê para a Paz era um organismo do Estado, o qual eu tinha a impressão de ser constituído exclusivamente por membros do partido e agentes da KGB. Não sei é verdade ou não, mas os organismos locais, da polícia à diretora do hospital, agiam de acordo com as indicações dos membros do Comitê.

Madre Teresa, por seu lado, não só tinha percebido claramente que seria uma organização de proteção para as Irmãs e para mim como também, num curtíssimo espaço de tempo, tinha feito amigos especiais no seio do Comitê, tanto em Moscou como em Ierevan. Eram sobretudo mulheres, a quem abria o coração com poucas palavras e uma medalha milagrosa, mostrando-lhes algo completamente novo: "Deus ama você! Ele tem o seu nome escrito na mão dele. Você é dele! Ele fez você para que você ame e seja amada".

Madre Teresa trazia muitas daquelas mulheres no coração. Ficava comovida quando sabia do destino das suas novas amigas, dos seus casamentos fracassados e dos abortos que, na União Soviética, eram muito comuns na época. "Pobre criança!", dizia ela muitas vezes, sem qualquer acusação, quase como se estivesse dolorosamente ferida mas pronta para consolar – e também para dar cuidadosas orientações para uma nova vida, de acordo com o princípio de "amar e ser amado".

"Deus ama o mundo através de nós", dizia Madre Teresa. E ela era a primeira a concretizar! Anos depois, num dado momento, quando politicamente se considerou que as Irmãs já não eram necessárias, algumas pessoas ainda recebiam de Madre Teresa uma breve carta ou um postal com uma bênção. Provinham de diferentes partes do mundo e eram abençoadas com algumas palavras de verdadeira gratidão. Madre Teresa recordava quem a tinham ajudado graças à sua memória quase fotográfica.

Com a assinatura do acordo a que fiz referência há pouco, consolidava-se em mim a certeza de que a minha permanência na bela república Armênia não era apenas uma viagem natalícia, como eu supunha no início. Madre Teresa queria fazer de mim "um verdadeiro missionário". O plano de Deus parecia estar completamente do seu lado.

O acordo que Madre Teresa assinou na Armênia estabelecia o seguinte: o padre, cuja presença fora uma condição para a vinda das Irmãs, não apareceria em público, estava ali exclusivamente para as Irmãs. Mas todos os dias elas recebiam centenas de convites – uma manifestação da hospitalidade Armênia que, como se sabe, é muito acentuada. Como já se disse, as Irmãs, segundo os seus princípios, não podiam comer fora de casa.

Madre Teresa tinha estabelecido tal regra em Calcutá para que os pobres não partilhassem com as Irmãs o pouco que tinham, pois a hospitalidade na Índia obriga a que se cuide sempre dos convidados. Deve-se partilhar com eles aquilo que se tem. Para que as Irmãs não voltassem a retirar aos pobres o que lhes tinham dado, Madre Teresa estabeleceu a regra geral de que as Irmãs não poderiam comer fora de casa. Como elas cumpriam rigorosamente este princípio, os pobres depressa aceitaram que as Irmãs não comessem com eles – não por indelicadeza, mas simplesmente por se tratar de uma regra da congregação.

Na Armênia, seguindo este princípio, estávamos novamente numa situação de afrontamento. Madre Teresa resolveu o dilema sem ferir a hospitalidade Armênia e, ao mesmo tempo, sem abdicar da sua própria regra, incumbindo-me de aceitar os inúmeros convites no lugar das Irmãs. Como eu não estava obrigado ao referido princípio, nos seis meses de Armênia tive de ir quase todos os dias a um jantar. Entre outras coisas, isso era uma dura prova à minha saúde, pois o cerimonial exigia que o dono da casa fizesse um discurso e depois o convidado e, na maior parte das vezes, também o filho mais velho do dono da casa. Depois de cada discurso tomava-se um grande copo do excelente conhaque armênio.

Muitas vezes vinham amigos e amigos dos amigos para a refeição, de modo que o número de comensais presentes chegava a quarenta ou cinquenta pessoas. Isso era perigoso, pois o acordo proibia-me de exercer qualquer atividade pública e pregar fora do hospital. Na verdade, aqueles serões transformavam-se em encontros de catequese. Eram feitas, sempre, muitas perguntas que giravam em torno da fé. O interesse pela fé cristã era enorme. Às vezes alguém dizia: "Eu fui batizado como católico". Para não chamar a atenção das autoridades soviéticas para esses nossos encontros, o que poderia colocar em risco tanto as pessoas que vinham a tais jantares e como também as Irmãs, pedi logo que não fossem convidadas mais de vinte pessoas.

Naquele momento o exército armênio tinha imposto o toque de recolher. Todos tinham de estar em casa às dez da noite. Quem fosse encontrado na rua um minuto depois das dez era detido e passava a noite no estádio. Com 20°C negativos isso devia ser bastante desagradável. O processo contra os detidos tinha início imediatamente no dia seguinte bem cedo. Às dez da noite os tanques tomavam posição nas estradas de acesso a Ierevan, fechando-as com pesadas correntes. Depois, nos meses de verão, o toque de recolher foi adiado para as onze da noite.

Para mim, o toque de recolher era um favor indireto: um argumento irrefutável para sair daqueles encontros fartos em comida e álcool antes das dez horas. De outra forma, é certo que, a médio prazo, não conseguiria fazer a oração da manhã às cinco horas com as Irmãs e celebrar a Santa Missa.

Quando o verão chegou, as Irmãs pensaram arranjar, com a ajuda da Proteção Civil Italiana, uma casa para elas no centro da região afetada pelo terremoto, onde poderiam tratar diretamente das pessoas. Para isso eu tive de ir muitas vezes a Spitak, que ficava a cento e dez quilômetros de distância ao norte, e muitas vezes voltava à noite. O toque de recolher entrava em vigor a partir das onze da noite. Um dia voltei relativamente tarde, com o carro que a Proteção Civil tinha deixado à minha disposição, e a uma certa velocidade. No último trecho da autoestrada, antes de chegar à cidade, havia um limite de velocidade de trinta quilômetros por hora. Passei por ali a cento e trinta quilômetros por hora, para conseguir estar de volta ao hospital antes das onze.

Então atravessei a ponte com velocidade excessiva e vi que os tanques já estavam a postos. Quis passar pelos tanques o mais rápido possível mas, com a pouca luz, só no último instante é que percebi que a corrente de vinte centímetros de espessura já fechava a estrada. Freei bruscamente, fazendo cantar os pneus. O carro parou atravessado diante da corrente.

Meu coração batia com força: o que iriam fazer os soldados soviéticos agora? No meu relógio faltavam poucos segundos para as onze. Os soldados correram, agitados, viram a luz azul no teto do carro e o meu colarinho de padre. Devem ter pensado: "Ah, outra vez este estrangeiro". Cumprimentei-os amistosamente e recorri ao método de Madre Teresa: "Tenho aqui um presente para vocês!". Pus uma medalha milagrosa na mão de cada um. Não se deu nenhum milagre, mas ainda assim fui bem-sucedido: os soldados afastaram a corrente e eu pude voltar calmamente para casa, sem passar a noite no estádio.

Certa tarde, no hospital pediátrico de Ierevan, como de costume, as Irmãs faziam as suas orações. Diante do hospital estava o exército russo; fazia parte do toque de recolher imposto em toda a cidade. Estávamos de joelhos no tapete que as Irmãs haviam colocado na capela. De repente, ouvi passos de pesadas botas pelo corredor. Fiquei sobressaltado: o que os soldados fazem aqui no primeiro andar? Os passos pararam na porta da capela, que estava aberta. Vi apenas um comprido casaco militar junto de mim. Do alto, o homem do casaco colocou-me uma folha de papel diante dos olhos. Eu não sabia ler cirílico e apontei para uma Irmã que sabia russo. O homem do casaco militar e pesadas botas dirigiu-se à Irmã, mostrando-lhe a folha de papel. Assim que ela leu as palavras, ele amassou e engoliu o papel! Mais tarde a Irmã contou-nos o que estava escrito: "Sou católico".

* * *

O grande orgulho dos armênios, e ao mesmo tempo a sua grande dor, é o símbolo do país: o monte Ararate. Um gigantesco maciço montanhoso que se ergue uniformemente em forma de vulcão e que, de um mirante a cerca de quatro quilômetros ao sul de Ierevan, se vê a sua altura. A visão é dolorosa para os armênios porque o seu símbolo não fica em território armênio, mas turco. Desde o fim da Primeira Guerra Mundial os armênios estão separados do seu símbolo por uma fronteira.

Na plataforma do mirante estava sentada uma mulher idosa, de pernas atrofiadas. No momento, a atenção das Irmãs não se concentrava tanto na bela montanha e sim naquela mendiga armênia – assim pensávamos nós – com os seus cabelos desgrenhados e emaranhados. Sob um sol que mal se sentia, num frio enregelante, ela estava sentada no chão de pedra, usando trapos rasgados, horrivelmente imundos, sem dúvida incapaz de se mexer.

A mulher recusou a proposta de Madre Teresa de acompanhá-la. Ela tinha alguém que a levava para mendigar e, depois, a deixava em casa. Como mais tarde viemos a saber, a pessoa que a transportava ficava, como pagamento pelo serviço, com dois terços da quantia que ela obtinha mendigando. De acordo com a lei soviética, era proibido mendigar. Por isso a colaboração em tal "delito" tinha o seu preço. Madre Teresa e a nossa tradutora, Anahit, prometeram a Irna – assim a chamamos –, que as Irmãs a visitariam em sua casa nos próximos dias.

Quando, alguns dias mais tarde, munidos de cobertores, comida e sabão, fomos à "casa" de Irna, verificamos, logo ao longe, que era uma cabana desconjuntada de feno ou forragem, quase derrubada pelo vento, destinada a animais, à beira de um grande planície arável. O interior da cabana cheirava tão mal que fiquei agradecido por ter sido encarregado de ir buscar água. Como a mulher não conseguia se mexer, o espaço, pelo visto, não era limpo havia anos e estava indescritivelmente imundo. Tudo era pegajoso, coberto por uma camada de pó e de imundície. Aquilo de que Irna precisava ficava a seu alcance ao redor da cama – isto é, ao redor dos três sacos de palha sobre o estrado partido onde ela estava deitada. Um pequeno bico de gás servia de fogão e, ao mesmo tempo, de aquecedor. Cerca de três camadas de copos sujos e rachados estavam ao lado; no copo de cima, ainda não rachado, encontravam-se os restos de um líquido castanho acinzentado. As Irmãs, a tradutora e eu trabalhamos todo o dia. Debaixo da cama de Irna encontramos as espinhas de dois peixes e uma ratazana morta.

Anoitecera e estávamos juntando todo o lixo para jogar fora quando Anahit, a tradutora, teve a ideia de perguntar a Irna se ela não queria se confessar a mim.

Eu ainda não era um missionário "de verdade", pois, em primeiro lugar, só via as muitas razões contra uma confissão: Irna professava, com certeza, a fé armênia-ortodoxa e, além disso, eu não compreendia a língua dela. Anahit lembrou-me, porém, que era absolutamente permitida a confissão com tradução e que ela estava preparada para isso. "Padre, seja um verdadeiro missionário!", foram as palavras animadoras de Madre Teresa.

Voltei, então, outra vez, ao quarto ainda incrivelmente malcheiroso. "Sim, gostaria de me confessar", disse Irna, radiante. E, de repente, começou a fazer o sinal da cruz num inglês arranhado! As suas primeiras palavras logo me atingiram como um tapa de Deus na cara: "Sou católica...". Depois da confissão, quando lhe dei a absolvição, Irna contou-me a sua vida: na juventude fora uma freira católica! Aos 18 anos entrou para um convento na Síria. Os pais opuseram-se a tal decisão e obrigaram-na, anos depois, a deixar o convento e casar-se. Mudou-se com o marido para a Armênia. Quando os dois filhos já eram crescidos, voltaram para a Síria com o pai e ela ficou sozinha na Armênia.

Havia vinte anos não sabia nada do marido, nem dos filhos. Desde então a sua vida era mendigar e rezar. Todos os dias pedia a Deus perdão por ter saído do convento e que por mais uma vez, uma última vez na vida, lhe concedesse a graça de uma Reconciliação e uma Eucaristia católicas.

Entendi, então, o brilho nos olhos dela no momento da absolvição. Aquele triste quarto transformou-se num pequeno paraíso. Não havia pobreza nem mau cheiro: o segredo da insondável Providência e do amor de Deus estava quase ao nosso alcance.

Três semanas depois falando com Madre Teresa ao telefone, ela perguntou: "Como está Irna?". "Deus a chamou", respondi eu. "Morreu com um sorriso radiante no rosto."

Com a resposta: "Você entendeu agora o que é ser um verdadeiro missionário?", Madre Teresa recordava-me a minha missão e, como ela gostava de dizer, de nossa condição de sermos apenas "lápis na mão de Deus".

* * *

Naqueles meses, na Armênia, estivemos muitas vezes em contato com os mais pobres dos pobres, nem sempre com grandes possibilidades de ajudar, mas com o afeto de nosso coração. Às vezes só para consolá-los, outras permanecendo ao lado deles na hora da morte. Hoje, quando olho para trás, lembro-me de estar à beira das lágrimas quando me despedi de Ierevan. Foi, certamente, o período mais penoso da minha vida, mas, ao mesmo tempo, também o mais bonito, em que possivelmente mais vezes encontrei Jesus e mais vezes pude matar-lhe a sede.

Madre Teresa, por meio de suas Irmãs e com seu exemplo, ajudou-me a sentir essa presença de Jesus. O meio ano que passei na Armênia foi para mim uma excelente escola – aprendi muito acerca das capacidades e das qualidades humanas, mas também tive uma lição prática de como se manifesta a graça divina. Ao fim daqueles seis meses, percebi que as Irmãs não tinham tido uma única discussão, nem entre elas nem comigo. As quatro Irmãs tinham caracteres muito diversos e, em parte, eram muito temperamentais. No entanto, existiam uma perfeita unidade e harmonia, embora, do ponto de vista material e também psíquico, fosse um tempo muito difícil. No fim, sentia-me como se tivesse sido expulso do paraíso.

Certamente Madre Teresa diria: "Padre, você não precisa ir para a Armênia para descobrir Jesus". Como ela afirmava muitas vezes: "Vocês não precisam ir para Calcutá para descobrir Jesus nos mais pobres dos pobres. Os mais pobres estão perto de vocês, muitas vezes nas suas próprias famílias. Procurem-nos, encontrem-nos e amem-nos, e deixem que eles vejam o seu amor por Jesus, na prática, em atos de amor na sua vida".

CAPÍTULO 17

Com peregrinos, prostitutas e políticos

A muitos visitantes da Europa Ocidental e da América Madre Teresa aconselhava preocuparem-se com os pobres dos seus próprios países. Em suas viagens havia observado atentamente como também à sombra do bem-estar vivem os mais pobre dos pobres. Por isso, ela chamava de "ponte da realidade" a longa ponte que liga Manhattan ao Bronx, em Nova York: "porque através dela se passa de uma realidade para outra". Da rica Manhattan, com os seus arranha-céus e hotéis luxuosos, para o pobre Bronx, com suas moradias precárias e deterioradas.

No verão de 1986, a Comunidade Emanuel convidou Madre Teresa para ir à sua sede, em Paray-le-Monial, na Borgonha, para um grande encontro de famílias. Nesse local, na região leste da França, Santa Margarida Maria Alacoque (1647-1690) teve a a sua visão do Sagrado Coração de Jesus. Após alguma reflexão, Madre Teresa concordou com a viagem, pretendendo associar-lhe uma ida a Paris. Para além da sua devoção pessoal ao Sagrado Coração de Jesus, que já vinha da infância, era possível que houvesse duas razões práticas para a viagem em julho de 1986: por um lado, as Irmãs precisavam urgentemente de uma casa para os pobres em Paris. Para isso, contava com a ajuda de Bernadette Chirac, esposa de Jacques Chirac, o primeiro-ministro francês então recentemente eleito e presidente da Câmara Municipal de Paris durante longos anos. Como católica praticante, Bernadette Chirac estimava as Irmãs. O segundo motivo deve ter sido o fato de existirem diferenças de opinião com o Cardeal Jean-Marie Lustiger, arcebispo de Paris, quanto à segurança das Irmãs na sua arquidiocese.

À aterrissagem em Paris seguiu-se, primeiro, a viagem de trem rumo a Paray-le-Monial. Como era sempre uma grande alegria para as "Missionárias da Caridade" verem Madre Teresa em pessoa, e porque na Europa muito raramente as Irmãs tinham tal satisfação em vida, perguntei a Madre Teresa se não podia ligar para as Irmãs em Marselha e convidá-las para irem a Paray-le Monial. Madre Teresa refletiu por uns momentos. Depois disse: "Não, padre, acho que não. É melhor não misturar espiritualidades".

No fim da tarde celebrávamos a Santa Missa numa grande tenda, juntamente com duas mil famílias que tinham vindo para o grande congresso e para o retiro. Como sempre acontecia no seio da Comunidade Emanuel, a liturgia foi, de fato, extraordinariamente festiva e bonita, acompanhada por música animada e grande devoção. Madre Teresa ficou emocionada com a beleza da liturgia. Sentiu-se impelida para uma profunda oração. Assim que a missa acabou, ela se virou para mim e disse: "Padre, ligue agora para as Irmãs em Marselha! Que elas venham já. Isto foi realmente maravilhoso".

Na manhã seguinte, chegaram as irmãs de Marselha. Lembro-me da alegria delas pelo privilégio de se encontrarem com

Madre Teresa e de ouvirem o discurso arrebatador que ela fez para as duas mil famílias presentes. A essência da mensagem era muito simples: "A família que reza unida, permanece unida". Para meu alívio, não tive de traduzir o discurso de Madre Teresa, pois o padre dominicano Albert-Marie de Monléon – hoje bispo de Meaux – encarregou-se da tarefa da tradução. Apesar das muitas crianças presentes no congresso, fez-se silêncio absoluto quando Madre Teresa começou o discurso.

Admirei a bela tradução do Padre Albert, que passou a linguagem simples de Madre Teresa para um francês simples, mas muito culto. Poucas vezes ouvi uma tradução tão boa. Ainda mais surpreendido fiquei quando, depois da conferência, ele veio ao meu encontro e disse: "Foi, na realidade, um discurso maravilhoso, mas eu me senti muito triste por ter feito uma tradução tão pobre. Não consegui realmente transmitir tudo o que Madre Teresa colocou em suas palavras".

Essa observação foi, para mim, um verdadeiro consolo, pois eu sempre ficava com a essa mesma impressão ao final de cada tradução. Ao servir de intérprete a Madre Teresa, nunca conseguia uma correspondência exata. Parecia que se perdia muita coisa na passagem de uma língua para outra. Certa vez, em Viena, tive de traduzir um discurso dela e pensei: "Ai, que horror, esta tradução foi realmente miserável". No final da conferência, um americano que vivia em Viena havia trinta anos veio ao meu encontro e disse: "Padre Leo, que tradução fantástica!".

Hoje estou convencido de que o tradutor tem simplesmente de dar o seu melhor – todo o resto é o Espírito Santo que faz. Muitas vezes pensei: "Se eu próprio dissesse as coisas que Madre Teresa diz, e que eu traduzo, elas não significariam nada sem ela a meu lado. Só através da sua presença, de onde provém o seu pensamento ou a sua palavra, mesmo quando chega ao destinatário por meio da minha tradução, a sua personalidade e a sua santidade se fazem sentir". Era isso que as pessoas sentiam: não as simples palavras, mas a santidade da pessoa de quem elas provinham.

Quando o arcebispo de Paris, o Cardeal Lustiger, veio a Paray-le-Monial para uma conferência, fui testemunha acidental de uma discussão entre ele e Madre Teresa. Ambos tinham personalidades fortes, ambos com grande capacidade de defender e fazer prevalecer os seus argumentos. A visível tensão entre a administração da Arquidiocese de Paris e as Missionárias da Caridade girava em torno da questão se as Irmãs – tal como todas as outras freiras e padres – deviam ou não ter um seguro-saúde. Como todas as Missionárias da Caridade em todo o mundo viviam sem seguro, como os seus pobres, era óbvio para ela que em Paris também não deveriam ter.

Contrariamente, o Cardeal Lustiger achava que "na minha diocese todas as freiras e todos os padres têm um seguro-saúde. Se as Irmãs vierem para a minha diocese hão de ter também um seguro-saúde".

Madre Teresa respondia: "Então as minhas Irmãs não virão para a sua diocese!".

Os argumentos passavam de um lado para o outro. Após veemente discussão, concordaram que as Irmãs não teriam um plano de saúde individual, mas que, enquanto comunidade, seriam abrangidas pelo seguro-saúde geral da diocese. Com isso Madre Teresa conseguia conviver.

Foi para mim uma experiência interessante ver dois santos – considero também o recentemente falecido Cardeal Lustiger um santo – discutindo um com o outro. Não cederam, mas acabaram por resolver as diferenças na base da verdade e do amor respeitoso.

À noite voltamos para Paris, onde chegamos muito tarde. A casa das Irmãs não ficava longe do bairro de prostituição. Foi ali que, havia tempo, se deve ter passado a seguinte história: Madre Teresa ia de carro para a casa das Irmãs. Na calçada estavam as "damas da noite". De repente, Madre Teresa pediu ao motorista que parasse. Baixou o vidro da janela e disse a uma daquelas senhoras do bairro da luz vermelha que ali estava: "Venha até a nossa casa, fica logo ali em frente, bem pertinho!". No dia seguinte aquela mulher entrou na casa. Hoje deve ser uma freira católica.

* * *

Numa manhã, ouviu-se dizer que naquele dia, às dez horas, Jacques Chirac, o primeiro-ministro empossado havia poucas semanas, iria nos receber em seu gabinete. Depois da missa e do café da manhã, fomos ao Hotel Matignon, a residência oficial do chefe do governo francês. Chirac havia sido presidente da Câmara Municipal desde 1977 e liderara a oposição ao presidente socialista, mas os últimos resultados eleitorais haviam obrigado o presidente Mitterrand a colaborar com o seu maior opositor – que, em 1995, iria ser também o seu sucessor no governo do país. Nosso caminho atravessava a Rue de Bac, onde fica a Igreja de Santa Catarina Labouré (1806-1876). Suas visões marianas estão na origem das medalhas milagrosas e, quando Madre Teresa soube disso, quis logo parar ali e rezar.

Madre Teresa trazia sempre essa "munição" consigo. Estavam ao alcance em qualquer saco. Ela parecia ter uma relação muito pessoal com Nossa Senhora, querendo difundir tal relação para outras pessoas através das medalhas. Assim, entramos na igreja e rezamos. Logo que as Irmãs daquela congregação souberam que Madre Teresa estava no local, acorreram todas e a madre superiora saudou Madre Teresa o mais afetuosamente possível.

Madre Teresa contou que distribuía muitas medalhas milagrosas; sim, podia-se até dizer que esse era justamente o seu "instrumento de trabalho pastoral" mais importante. Cada pessoa com quem se encontrava recebia uma medalha. Geralmente, beijava a medalha e depressa mostrava como se devia pendurar no pescoço. Às vezes explicava à pessoa que devia confiar em Nossa Senhora, pois ela nos protege sempre que necessário, de forma milagrosa.

Então Madre Teresa disse à superiora que já havia distribuído pessoalmente uma grande quantidade de medalhas. Esta exclamou: "Isso é maravilhoso! Será que podemos oferecer-lhe algumas medalhas, para não ter de comprá-las?".

Madre Teresa respondeu: "Sim, com muito gosto".

"De quantas precisa: umas quinhentas ou mil?"

Madre Teresa: "Quarenta mil! Já distribuí um tantão assim".

Não sei se naquele momento ofereceram-nos quarenta mil medalhas, mas no porta-malas havia tantas caixas quantas se puderam arrumar.

* * *

Depois, prosseguimos para o Hotel Matignon. Ficamos muito impressionados com a grandeza e a beleza do palácio. Na primeira grande sala de recepção havia, à direita, uma enorme mesa de vidro, com cerca de quatro por oito metros, cujo tampo era composto por duas placas. No meio, havia folhas artisticamente incrustadas, mas todas de ouro. Tratava-se, com certeza, de uma obra-prima de um artista francês e, sem querer, tive de pensar no nosso papel prateado no qual se embrulha o chocolate. Via-se que Madre Teresa fazia idênticas associações. Lançou um olhar rápido e disse: "Hum, realmente devem ter comido muito chocolate".

Depois subimos as escadas, para a sala de recepções do primeiro-ministro, que veio logo ao nosso encontro. Chirac e Madre Teresa entabularam conversa. Madre Teresa, que, também no caso dos presidentes de Câmara, ministros e presidentes, via sempre primeiro a pessoa, o filho de Deus, começou logo o seu trabalho pastoral. Ainda encantada com a bela liturgia que assistira na Comunidade Emanuel, perguntou a Chirac: "Alguma vez já esteve em Paray-le-Monial?".

Chirac ficou surpreendido: "Ainda não".

"Então precisa ir lá. Precisa ir!"

O primeiro-ministro esforçava-se por se manter delicado: "Sim, sim".

Madre Teresa insistia: "Então, o senhor vai? Vai mesmo?".

Chirac tentava esquivar-se: "Bem, sim, portanto...".

Mas Madre Teresa simplesmente não desistia: "Sim? Quando é que vai? Precisa mesmo ir lá ver! Mas só o senhor. Só o senhor e Jesus, completamente sozinho! Não com muita gente em volta".

Como Chirac não disse logo que não, Madre Teresa viu aí uma oportunidade: "Então vá!". E dirigindo-se a Francis Kohn, da Comunidade Emanuel: "Padre, o senhor organiza a viagem. O senhor organiza a viagem!". Então, aproximou-se de Francis Kohn e perguntou-lhe baixinho: "É para ele! Quem é ele?". Kohn inclinou-se para ela e disse: "O primeiro-ministro!". Ao que Madre Teresa retorquiu em voz alta: "Pois bem, então o senhor organiza a viagem para o primeiro-ministro!".

Soube-se mais tarde que Chirac foi, de fato, a Paray-le-Monial. Claro que não foi sozinho com Jesus, mas com um grande grupo de acompanhantes. É evidente que Madre Teresa deve tê-lo instigado. Naquele encontro Madre Teresa foi um pouco menos bem-sucedida no que se refere à almejada casa para os pobres. Demorou muitos meses até que as Irmãs conseguissem uma casa nova.

CAPÍTULO 18

Entre hindus e muçulmanos

Quando Madre Teresa recolhia uma pessoa na sarjeta, quando dava de comer aos pobres e oferecia companhia e carinho aos moribundos, ela nunca fazia distinções quanto à religião professada. Hindus e muçulmanos, cristãos e ateus podiam contar igualmente com o seu amor e assistência.

Isto se baseava na lógica interna do Cristianismo: que espécie de cristãos seriam aqueles que só se comportassem como tal perante outros cristãos? No caso de Madre Teresa havia, no entanto, um motivo mais profundo: em cada pobre, sofredor, necessitado, em cada moribundo que recolhia, ela via um filho de Deus, e até mais: ela via Jesus, disfarçado horrivelmente como o mais pobres dos pobres.

Em Calcutá, ela lidava todos os dias sobretudo com hindus, mas também com muçulmanos. Por isso suas relações pessoais eram marcadas por outras religiões. Ela dizia sempre que cada pessoa, desde que vivesse adequadamente a sua religião e procurasse, de forma honesta, a verdade do coração, estaria próxima de Deus. E quando alguém quer aproximar-se de Deus, então Deus pode iniciar algo com essa pessoa e conduzi-la até mais longe. "Etnia, religião, cristão ou comunista, nada disso interessa: nós somos todos filhos de Deus, criados para amar e ser amados".

O respeito pela fé dos outros não significava ignorar a religião professada por uma pessoa, como se fosse insignificante. Muito pelo contrário, se alguém fosse levado para o Lar dos Moribundos de Madre Teresa era logo tratado – desde que ainda fosse capaz de dizer alguma coisa – pelo próprio nome e questionado quanto à sua religião. Não em função de alguma espécie de discriminação, mas justamente tomava-se nota para saber qual o ritual do enterro a ser seguido.

As Missionárias da Caridade cuidavam para que cada defunto fosse enterrado de acordo com a sua religião. E como ninguém que ali morria dispunha de quaisquer bens, eram elas que pagavam as despesas!

O Bispo Hnilica morava, naquela época, com os jesuítas. Certa vez, a horas tardias, ao encontrar as portas fechadas foi perguntar a Madre Teresa se podia passar a noite no seu Lar dos Moribundos, que ela apelidava de Nirmal Hriday – "Lar do Coração Imaculado". Madre Teresa pensou um instante, acedeu, mas impôs uma condição: "Prometa-me que não vai morrer. O enterro de um bispo ficaria muito caro para nós".

* * *

O conhecimento que Madre Teresa tinha das outras religiões, sobretudo do Hinduísmo e do Islamismo, não era tanto de natureza teológica, mas concentrava-se nas coisas práticas da vida: o jejum e as festividades, os preceitos da comida e do enterro, o comportamento moral. Madre Teresa não era nenhuma teórica:

"Vemos o que é necessário e agimos". Um dia, ao perguntar-lhe acerca da origem da pobreza na África, ela me respondeu: "Olhe, padre, nós não pensamos nesse tipo de pergunta. Não ficamos questionando o porquê, como e quando. Vemos simplesmente o que é necessário – e ajudamos o melhor que podemos".

Nos casos em que procurava a origem, fazia-o do ponto de vista espiritual. É o que mostra o seguinte incidente: durante uma longa viagem de carro, Madre Teresa perguntou de súbito: "Como é que se pôde chegar ao comunismo?". O Bispo Hnilica, que era um especialista em questões de ideologia comunista, por tê-la sentido na própria pele e vivendo no exílio, procurava expor os motivos históricos. Madre Teresa não parecia satisfeita. O que ela queria entender era como fora possível uma tal invasão do corpo místico de Cristo no sistema da Igreja.

Quase com medo, apresentou a sua versão: "Por que foi possível Judas trair o Senhor? Ele, que estava tão próximo de Jesus e que tanto o amava? Eu acho que isso aconteceu porque ele era um ladrão, porque roubou o dinheiro dos pobres. Eu acho que foi essa a razão". Pensava muitas vezes nessa explicação para uma questão mundial como o comunismo, e penso que essa visão do mundo ainda é válida hoje. Sempre que os pobres são "roubados", sempre que são privados do direito a uma existência digna, a ordem social – e em sentido mais amplo, a ordem amorosa – é seriamente atingida.

* * *

Arrumar um local para os moribundos, e ainda por cima numa antiga casa de acolhimento para peregrinos do Templo de Kali, em Calcutá, como todo o resto, não foi nada fácil. Os círculos hindus radicais temiam uma ação missionária cristã e acusavam as Irmãs de proselitismo, portanto, de tentarem atrair seguidores. Os protestos foram violentos quando as autoridades de Calcutá disponibilizaram tais espaços a Madre Teresa.

Naquele momento, veio de Deli um eminente chefe hindu para, com os mais jovens, expulsar Madre Teresa e as Irmãs da área do Templo de Kali. Munida de bastões e pedras, a multidão avançava, com o chefe hindu à frente. Quando Madre Teresa percebeu o que se passava, saiu porta afora e foi ao encontro deles. Saudou o chefe hindu sem qualquer sinal de medo e pediu-lhe que entrasse e visse o que elas ali faziam.

Ele entrou sozinho com ela. Pouco depois, saiu. Os jovens estavam impacientes e perguntaram ao chefe hindu se podiam começar a expulsar as Irmãs. Ele respondeu: "Sim, podem expulsá-las, mas só quando as vossas irmãs e as vossas mães fizerem o que as Irmãs fazem ali dentro".

Mais tarde, quando um dos inúmeros sacerdotes do Templo de Kali adoeceu com tuberculose, as Irmãs trataram dele com a mesma bondade e afeto com que tratavam todos os outros doentes. Todos os dias um dos seus confrades vinha visitá-lo. Assim, a comunidade de sacerdotes hindus do vizinho Templo de Kali transformou-se lentamente num círculo de amigos e protetores do Nirmal Hriday.

Madre Teresa manifestava um profundo respeito pelas pessoas, pela fé e pela religião delas. Nunca tentou impingir ou impor a fé católica a ninguém. Até mais: não foi tanto uma doutrina que ela transmitiu, mas sim os frutos do ensinamento, nomeadamente do amor ativo. Um coração cheio de amor e mãos que põem em prática este amor.

Era particularmente emocionante observar como ela tratava dos feridos graves ou dos moribundos, como não se inibia de acariciá-los – como uma mãe que afaga a cabeça do filho e lhe segura a mão. Quantas vezes, com o seu contato, ela mudou o coração e a vida das pessoas! Não sei se houve colaboradores hindus ou muçulmanos de Madre Teresa que se converteram, mas tenho certeza de que existem milhares de pessoas que mudaram de vida depois de se encontrarem com ela.

Só tive noção clara da influência que ela exerce nas muitas pessoas com quem se encontrava por meio de um oficial graduado da polícia indiano que nos acompanhou numa longa viagem. No início, eu o achei muito antipático, porque chegou muito convencido de si e dando ordens em tom brusco. Dava a entender, assim, que não queria ter nada a ver com assuntos religiosos, que apenas cumpria uma obrigação. No segundo dia veio bem mais brando. Depois de um breve discurso de Madre Teresa numa das paradas, fizemos uma pequena pausa antes de nos levarem para o aeroporto em alta velocidade. Os policiais pediram autorização para se despedirem de Madre Teresa. O oficial da polícia, tão antipático de início, de repente deixou de ser arrogante e distante. Corriam-lhe pela face grossas lágrimas ao tocar os pés de Madre Teresa, conforme o *darshan* – uma reverência indiana tradicional diante de uma pessoa, imagem ou realidade sagrada –, pedindo-lhe a bênção. Madre Teresa limitou-se a dizer a todos uma frase da Bíblia: "Quando eles virem as vossas boas ações, eles hão de louvar a Deus, que está no céu".

No automóvel, a caminho do aeroporto, recebi depois uma lição de Madre Teresa: "Padre, o nosso testemunho de Cristo deve ser sempre de forma que as pessoas não possam decidir-se contra ele por engano!". Sim, Madre Teresa tinha esse efeito sobre as inúmeras pessoas que entravam em contato com ela. O tal oficial da polícia ignorou todas as formalidades para nos acompanhar até a entrada do avião, mas tudo o que fez foi-lhe ditado pelo coração: de forma desastrada e exuberante, mas com alegria e gratidão.

* * *

Por ocasião do "National Prayer Breakfast" de 1994 – o evento anual, nos EUA, que serve de foro a líderes políticos, sociais e empresariais do mundo todo – Madre Teresa disse: "A experiência verdadeiramente extraordinária do amor entre vizinhos eu testemunhei com uma família hindu. Um senhor veio a nossa casa e disse: 'Madre Teresa, está ali uma família que há muito tempo não tem o que comer. Por favor, faça alguma coisa'. Então peguei um pouco de arroz e fui logo até lá. Vi as crianças: os olhos refletiam fome. Não sei se os senhores alguma vez viram a fome. Eu a vi muitas vezes. A mãe daquelas crianças pegou o arroz que eu lhe tinha dado e saiu. Quando voltou, perguntei-lhe: 'Onde foi? O que fez?'. E ela me deu uma resposta muito simples: 'Eles também têm fome'. Fiquei admirada por aquela mulher saber disso. Os vizinhos eram uma família muçulmana, e ela sabia. Naquela noite não lhes levei mais arroz porque queria que eles – hindus e muçulmanos – pudessem viver a alegria da partilha".

Como padre católico interessava-me muito ver como Madre Teresa entendia a tarefa missionária de Jesus Cristo e como ela mesma a vivia. Penso que se pode resumir assim o que Madre Teresa pensava sobre a missão: existe um único Deus, e este é o Deus de todos. Por isso, na proporção da nossa humanidade, somos também todos iguais perante Deus. Para Madre Teresa, era importante que o exemplo que ela e as Irmãs davam ajudasse todas as pessoas a aproximarem-se de Deus. Deveria fazer com que os hindus se tornassem melhores hindus, os muçulmanos melhores muçulmanos e os católicos melhores católicos. Madre Teresa não colocava os princípios doutrinários da fé católica em primeiro plano, mas antes a capacidade de tornar realidade o maior amor possível.

Certa vez, um ministro da comunista ditadura Mengistu perguntou se ela também tinha tentado pregar na Etiópia – o que era absolutamente proibido – e converter pessoas. Esperta, ela não respondeu diretamente à pergunta, mas disse: "As nossas obras de amor mostram aos pobres e aos que sofrem o amor que Deus tem por eles".

Madre Teresa era, na realidade, uma missionária e, ao mesmo tempo, tinha um grande coração para todas as pessoas, independentemente da fé e da religião que professassem. Isso não é nenhuma contradição, mas tem a ver com a força da sua personalidade. Um exemplo: quando recebeu, em Madras (atual Chennai), o título de doutora *honoris causa*, foram oradores o reitor, o decano, um professor da universidade e, finalmente, o arcebispo de Madras. Todos falaram do empenho social da homenageada. Estava na expectativa quanto ao que ela iria dizer, pois nenhum dos oradores se referiu uma única vez a Jesus. Para mim, a única pergunta que se colocava era: será que, num ambiente predominantemente hindu e muçulmano, Madre Teresa também vai evitar falar de Jesus porque isso pode causar problemas?

Tinham-lhe colocado, para a cerimônia, uma capa vermelha. Ela, então, foi chamada ao palco e subiu num banquinho atrás do púlpito, que ali tinham colocado tendo em conta a sua altura. Mas ela precisava ficar se esticando para conseguir enxergar por cima do púlpito. Foi então que tirou o microfone do suporte. De repente, todos se calaram. Durante os discursos anteriores, os quinze mil convidados conversavam sem cerimônia. Só os alto-falantes se sobrepunham ao ruído. Mas, no momento em que Madre Teresa puxou o microfone para si, fez-se silêncio total.

Foi nesse silêncio que, com a sua voz suave e profunda, ela começou a primeira frase: "Jesus amou tanto o mundo, que..." – e continuou normalmente a catequese sobre o amor, claro que de forma muito simples, para os hindus e muçulmanos presentes. Ela queria mostrar-lhes que o amor pelo próximo, pelos mais pobres dos pobres, era amor pelo próprio Deus.

Como missionária, nunca proclamou nada a não ser o próprio Jesus. Sempre, mesmo quando ela própria era homenageada, procurava distanciar-se de si mesma. Ela não queria que as pessoas se concentrassem na sua pessoa, mas em Deus. Ao acabar o discurso, em Madras, reinava silêncio absoluto na grande sala. Foi nessa atitude respeitosa, de quase veneração, que todos saíram. Ninguém mais falou, e podia-se quase sentir fisicamente que o silêncio era um sinal de deferência.

Em um ambiente dominado pelos hindus, Madre Teresa destacava-se como missionária na medida em que se oferecia completamente a Jesus e mostrava-se disposta a encontrá-lo nos mais pobres dos pobres daquele país. Para ela, abjuração e conversão significavam aproximar as pessoas de Deus através do amor. O amor, a ternura e a alegria das Missionárias da Caridade proporcionavam a oportunidade e o lugar onde o espírito de Deus e a alma das pessoas podiam se encontrar. Por isso, para Madre Teresa, cada ato de amor era sempre feito pela conversão de uma alma. "Nós não somos assistentes sociais, nós somos contemplativas no mundo", costumava dizer.

Em muitos estados da Índia existem leis restritivas que impedem a conversão a uma outra religião. Quando lhe perguntaram, certa feita, se ela convertia as pessoas, Madre Teresa respondeu: "Espero converter pessoas, mas isso não significa o que está pensando agora. Espero que convertamos corações. Nem mesmo Deus Todo-poderoso consegue converter uma pessoa se ela não quiser. Aquilo que procuramos fazer às pessoas através do nosso serviço é aproximarmo-nos de Deus. É precisamente neste sentido que se deve entender a conversão. Muitos acham que converter significa mudar da noite para o dia, mas não é. Quando nos encontramos frente a frente com Deus e o deixamos entrar na nossa vida, então estamos prestes a converter-nos".

Confiar mais na misericórdia de Deus do que nas suas próprias capacidades era, sem dúvida, um traço característico de Madre Teresa. Quem também estava conosco, quando sobrevoávamos o Panamá, era o antigo Arcebispo Marcos Gregorio McGrath, um homem imponente, de enorme estatura. Estávamos sobrevoando regiões florestais, quando de repente notamos, sobressaindo do meio da espessura do verde, uma enorme cúpula branca. O arcebispo do Panamá explicou a Madre Teresa que se tratava de um templo da Fé Bahá'í. Ela reagiu espontaneamente: "Padre, você está com as medalhas?".

CAPÍTULO 19

A voz dos sem-voz

Madre Teresa não só pregava contra o aborto como tentava, em sentido concreto, salvar vidas humanas. "Nós combatemos o aborto através da adoção", era o seu princípio. Por isso, na União Soviética, por exemplo, um país com taxas de aborto extremamente elevadas, ela queria tomar conta de todas as crianças para as quais fosse concedida uma autorização. De uma lista ela devia escolher doze crianças. Além do nome e da idade da criança, constava na lista a respectiva deficiência ou, no caso dos deficientes mais graves, uma única palavra: "Inviável".

Madre Teresa disse: "Eu levo todas as crianças 'inviáveis'". Entre elas estava Andrew, um jovem com um corpinho muito franzino que, em vez de andar, só conseguia arrastar-se pelo chão, sofrendo atrozmente. Soube-se mais tarde que ele tinha apenas um encurtamento de um tendão. Era completamente desprezado e estava gravemente desnutrido porque, no orfanato, ele não conseguia se arrastar suficientemente rápido até a panela da sopa, de modo que, na hora da distribuição da comida, costumava receber muito pouco. Assim como faziam com outras crianças, as Irmãs logo levaram Andrew para uma massagem terapêutica. A princípio, a massagista nem queria tocar no rapaz. Como muitos russos, ela achava que crianças assim não traziam qualquer benefício para a sociedade e, por isso, não tinham o direito de viver.

No começo, Andrew era considerado uma criança muito "má". As Irmãs diziam que ele sofria muito porque percebia que a mãe biológica o tinha maltratado e abandonado. O tendão de Andrew foi operado e – como todas as crianças – recebeu de Madre Teresa uma medalha milagrosa num cordão para pendurar ao pescoço. As Irmãs explicaram-lhe que Nossa Senhora seria, a partir de então, a sua mãe. A partir daquele momento, Andrew passou a ser a criança mais bem-comportada na hora do almoço; de vez em quando beijava a medalha. Ao vestir-se, quem quisesse ajudá-lo tinha de beijar a medalha primeiro; só depois é que podiam tocá-lo.

Aconteceu o mesmo com a massagista. Ao ver a medalha, ela ficou curiosa. No dia seguinte, também ela recebeu uma medalha. A partir de então, ficava contente quando as crianças deficientes chegavam. Ela tratava Andrew de forma especial, com muito amor, cuidado e respeito.

Quando voltei a Moscou, na década de 1990, tinham encontrado uma família de Novosibirsk que queria adotar Andrew. As formalidades da adoção foram muito complicadas. Andrew teve de ser examinado e interrogado por um médico. O rapaz respondia às perguntas não só em russo, mas também em inglês, que aprendera com as Irmãs. Quando, por fim, Andrew quis que o médico lhe dissesse por que razão lhe fazia aquelas perguntas tolas, o médico ficou olhando durante muito tempo e com ar pensativo para o relatório que o classificava como "inviável", rasgou-o e deferiu a adoção. Em Novosibirsk, Andrew foi um zeloso acólito do Bispo Werth. Depois, estudou os "inviáveis" na universidade.

Deparávamo-nos muitas vezes com crianças com deficiências graves. Entre elas havia crianças horrivelmente deformadas com elefantíase, com o rosto todo inchado ou sem membros. Eu ficava muitas vezes horrorizado e preferiria virar as costas. Madre Teresa só dizia: "Que criança maravilhosa!". E acrescentava muitas vezes: "Olhe só como ela agarra o meu dedo com tanta ternura".

Era claro para ela que a luz de Deus chegava à terra também através das crianças com deficiência grave. Toda criança é uma dádiva de Deus. Impressionava-nos a alegria, o júbilo e a forma amorosa com que Madre Teresa lidava com as crianças e os bebês de tenra idade. Muitas vezes pensei comigo: "Se Deus lida conosco assim com tanta ternura, tanto júbilo e tanta esperança como Madre Teresa trata estas criancinhas, então ainda tenho alguma chance". Receber cada criança amorosamente era para Madre Teresa a coisa mais óbvia do mundo.

Este talvez fosse o segredo do sucesso de Madre Teresa: o poder da ternura. As pessoas não ficavam sensibilizadas porque ela apresentava um desempenho intelectual ou social fora do comum, mas porque viam com quanta ternura, quanta capacidade de entrega e quanto sacrifício ela lidava com as pessoas. É isso que toca os corações: quando as pessoas sentem o quanto são amadas. Para Madre Teresa, isso era apenas a transmissão do amor que recebera de Deus.

Ela acolhia pessoas que nós geralmente consideraríamos repugnantes com a mesma estima com que recebia a nós. Não falava de forma diferente com um presidente da República ou com uma prostituta, com uma carmelita ou com o campeão mundial de boxe Muhammad Ali, que a visitou em Calcutá. Deve ter sido grande a surpresa para muitas dessas pessoas – idêntica à surpresa que sentiremos no céu quando nos confrontarmos, frente a frente, com a bondade de Deus, que nunca teríamos esperado nem compreendido do ponto de vista intelectual.

Essa bondade era comovente: quando Madre Teresa recebia grupos de visitantes e com eles conversava durante vinte minutos, muitas vezes metade dos visitantes saía chorando ou com lágrimas nos olhos. Madre Teresa vivia a não violência, o desamparo até, do amor. Ela nunca tentava forçar ninguém, mas queria incluir os outros na rede do amor.

* * *

Achava ainda mais horrível o fato de muitos pais abandonarem os próprios filhos, de muitas crianças serem "indesejadas". Advertia, de vez em quando, não só em conversas pessoais, mas perante os olhos e os ouvidos das entidades públicas mundiais: "O aborto é um assassínio no ventre da mãe. Uma criança é uma dádiva de Deus. Se você não a quer, então me dê, que eu a quero".

Em 1979, Madre Teresa foi galardoada com o Prêmio Nobel da Paz. Aproveitou a ocasião, quando a atenção do mundo estava toda nela, para condenar veementemente o aborto: "Eu penso que o aborto é hoje o grande destruidor da paz, porque se trata de uma guerra direta, uma morte muito direta, um assassínio direto da própria criança através da mãe. Muitas pessoas se preocupam com as crianças na Índia ou na África, onde morrem em grande número – talvez por subnutrição ou fome –, mas milhões dessas crianças morrem pela vontade da mãe, e isso é o maior destruidor da paz. Porque, se uma mãe é capaz de matar o próprio filho, o que pode me impedir de matar você, ou impedir você de me matar?".

Foram palavras muito duras. Diz-se que, no dia seguinte, um padre que ouvira o discurso na rádio a censurou, dizendo que, com tais palavras, ela tinha ofendido muitas mulheres na Escandinávia. A reação de Madre Teresa foi notável. Ela olhou o jovem bem nos olhos e disse: "Padre, Jesus disse 'eu sou a verdade', e é seu e meu dever dizer a verdade. Compete a quem a ouve aceitá-la ou rejeitá-la".

Hoje posso dizer que Madre Teresa dizia a verdade – de modo mais ou menos conveniente, mas sempre com muito amor.

Em seu discurso perante as Nações Unidas, em 1985, do qual já relatei algumas passagens, Madre Teresa fez um apelo apaixonado à proteção da vida por nascer. Cito de uma tradução literal do seu discurso:

"As obras de amor começam em casa, e as obras de amor são obras de paz. Todos nós queremos paz e temos medo das armas nucleares, temos medo desta nova doença. Mas não temos medo de matar uma criança inocente, esta criancinha ainda por nascer, concebida pelo mesmo motivo: para amar a Deus e amar a si e a mim. Isto é uma enorme contradição e sinto que o aborto, hoje, se transformou no maior destruidor da paz. Tememos as armas nucleares, porque elas nos afetam, mas não temos, a mãe não teme, praticar este hediondo assassínio. Mesmo quando o próprio Deus fala disso. Ele diz: 'Mesmo que uma mãe esqueça o seu filho, eu de ti jamais te esquecerei. Escrevi teu nome na palma de minha mão, tu és precioso para mim. Eu te amo'.

Essas são as próprias palavras de Deus dirigidas a você, a mim e à criancinha por nascer. Por isso, se queremos realmente a paz, se hoje desejamos real e sinceramente a paz, tomemos, então, esta decisão firme: não permitamos que uma única criança em nossos países, em nossas cidades, se sinta indesejada, se sinta não amada, se sinta como lixo da nossa sociedade. E ajudemo-nos uns aos outros para obrigar a que, em nossos países, esta horrível lei que mata inocentes, que destrói a vida, que destrói a presença de Deus, seja revogada, pela nossa nação, pelas nossas pessoas e pelas nossas famílias".

Em 3 de fevereiro de 1994, em Washington, por ocasião do "National Prayer Breakfast", apoiado pelas duas câmaras do Parlamento americano, pelo Senado e pela Câmara dos Representantes, Madre Teresa se pronunciou de forma igualmente clara. Aqui ficam grandes excertos do seu discurso em tradução própria:

"Deus amava tanto o mundo que nos deu o seu filho – pois foi uma dádiva. Deus deu o seu filho à Virgem Maria e o que é que ela fez com ele? Assim que Jesus entrou na vida de Maria, ela se apressou logo em transmitir a Boa-Nova. E, quando chegou na casa de sua prima Isabel, assim conta a Sagrada Escritura, a criança por nascer – a criança no ventre de Isabel – estremeceu de alegria. Enquanto Jesus, já no ventre de Maria, levava a paz a João Batista, este estremeceu de alegria no ventre de Isabel. Esta criança por nascer foi o primeiro a anunciar a vinda de Cristo.

E, como se isto já não bastasse, como se não fosse suficiente que o Filho de Deus se transformasse em um de nós, e já no ventre de Maria trouxesse paz e alegria, Jesus morreu na cruz para mostrar tão grande amor. Ele morreu por você e por mim e pelos leprosos e pelos que morrem de fome e pela pessoa que jaz despida na rua, não só em Calcutá, mas também na África e em todo o mundo. As nossas Irmãs servem essas pessoas em cento e cinco países do mundo. Jesus mandou que nos amássemos uns aos outros como ele ama cada um de nós [...].

Talvez tenhamos na família alguém que se sente só, doente ou preocupado. Nós estamos disponíveis? Estamos preparados para dar até que doa, só para estarmos com a nossa família, ou colocamos os nossos interesses em primeiro lugar? Estas são as perguntas a que nós mesmos temos de responder, em especial neste início do Ano da Família. Temos de lembrar que o amor começa em casa e, consequentemente, que o futuro da humanidade passa pela família.

Fiquei surpresa por ver, no Ocidente, tantos rapazes e moças toxicodependentes. E tentei saber o porquê. Por que no Ocidente existem mais do que no Oriente? E a resposta foi: porque não há ninguém na família que tome conta deles. As nossas crianças dependem de nós – na saúde, na alimentação, na segurança, no desenvolvimento do conhecimento e amor de Deus. Em todas essas áreas elas nos observam com confiança, esperança e expectativa. Mas, muitas vezes, o pai e a mãe estão tão ocupados que não têm tempo para os filhos ou, de repente, nem são casados ou desistiram do casamento. E assim as crianças vão para a rua e são lançadas na droga e em outras coisas. Estamos falando aqui do amor à criança, onde o amor e a paz devem começar. E essas são as coisas que destroem a paz.

Mas eu tenho a sensação de que o maior destruidor da paz hoje é o aborto, porque é uma guerra contra a criança, é matar diretamente a criança inocente, um assassínio através da própria mãe. Se aceitamos que uma mãe possa matar o seu próprio filho, como é que podemos dizer às outras pessoas que não devem matar-se umas às outras? Como é que podemos convencer uma mulher a não praticar o aborto? Como sempre, temos de convencê-la com amor e lembrarmo-nos de que amar significa dar até que doa. Jesus deu-nos até a sua vida por amor. Assim, a mãe que pensa num aborto deve ser ajudada a amar. Amar mesmo quando dói desistir dos seus planos e do seu tempo livre a fim de respeitar a vida do seu filho. Também o pai da criança, seja ele quem for, tem igualmente de dar, até que doa.

No caso de um aborto, a mãe não aprende a amar; pelo contrário, ela mata o seu próprio filho a fim de resolver o seu problema. E num aborto diz-se ao pai que ele não tem de assumir qualquer responsabilidade pela criança que pôs no mundo. O pai até pode colocar outras mulheres nas mesmas dificuldades. Assim, um aborto leva a outros abortos. Cada país que aceita o aborto não ensina o seu povo a amar, mas a recorrer à violência para se obter o que se deseja. Esta é a razão pela qual o aborto é o maior destruidor do amor e da paz.

Muitas pessoas estão preocupadíssimas com as crianças da Índia, com as crianças da África, onde de fato há muitas que morrem de fome etc. Muitas pessoas estão preocupadíssimas com a violência neste grande país, os Estados Unidos. As preocupações são louváveis. Mas, frequentemente, as mesmas pessoas não se preocupam com os milhões de crianças que são mortas através da decisão premeditada das próprias mães. Este é o grande destruidor da paz hoje em dia, o aborto, que conduz as pessoas a tamanha cegueira".

Madre Teresa não dizia isso para condenar as mulheres que muitas vezes são pressionadas pelo contexto em que estão inseridas. Primeiro, ela queria fazê-los lembrar-se da dignidade da criança: cada criança é uma dádiva de Deus, concebida à semelhança de Deus, "para amar e ser amada". Depois apontava-lhes o seu próprio caminho para combater o aborto: "O belo presente que Deus ofereceu à nossa congregação é combater o aborto através da adoção". Madre Teresa contou aos maiorais da política e da sociedade americanas presentes a história de uma criancinha que ela conseguiu que fosse adotada por um casal. Quando se constatou que a criança tinha uma doença grave, ela disse aos pais adotivos: "Devolvam-me a criança doente. Eu lhes arranjo uma saudável". Mas o pai adotivo respondeu: "Madre Teresa, primeiro a senhora vai ter que me matar, para depois me tirar a criança".

Essa criança doente trouxe muito amor e muita alegria a essa família. E acrescentou: "E assim peço a vocês também, em nome das nossas Irmãs: sempre que não quiserem uma criança, por favor, deem-na para mim, que eu a quero".

As Missionárias da Caridade, ao facilitarem a adoção, salvaram a vida de milhares de crianças. Continuo a citar o discurso de Madre Teresa no National Prayer Breakfast: "Estou disposta a aceitar qualquer criança que, de outra forma, seja rejeitada, e procurar um casal que venha a amar a criança e que por ela venha a ser amado. Só com o nosso abrigo em Calcutá salvamos mais de três mil crianças do aborto. Essas crianças proporcionaram muito amor e muita alegria aos pais adotivos, e cresceram também cheias de amor e alegria".

As crianças indianas amavam Madre Teresa.

Madre Teresa dedicava às pessoas uma terna atenção.

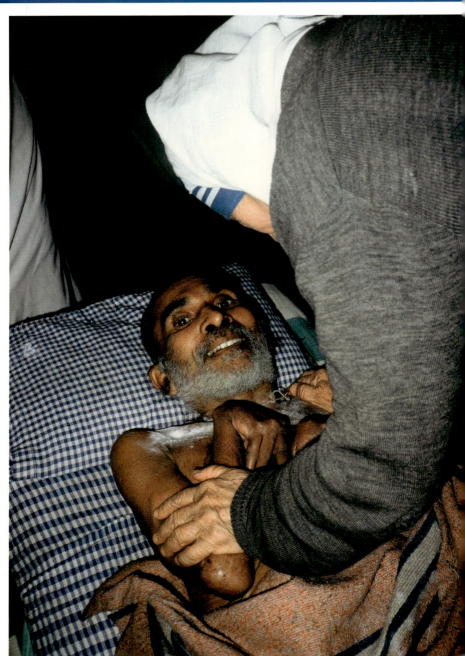
Amar perto do fim de uma vida de sofrimento.

"Levar Jesus aos mais pobres dos pobres" é a sua vocação.

Ação e boa vontade no Lar dos Moribundos, em Calcutá.

A cada manhã, gerações de pobres esperam na frente da casa-mãe, em Calcutá.

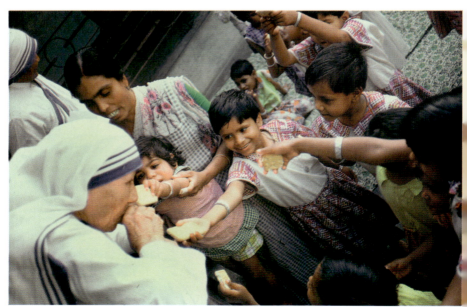
Pedagogia integral.

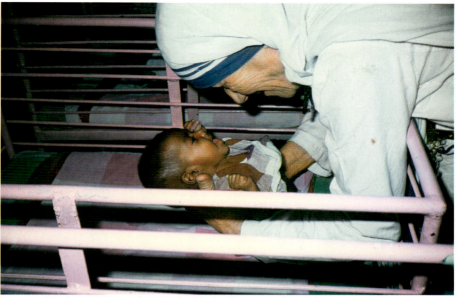
Nenhuma criança é rejeitada: Madre Teresa acolhe cada uma com prazer.

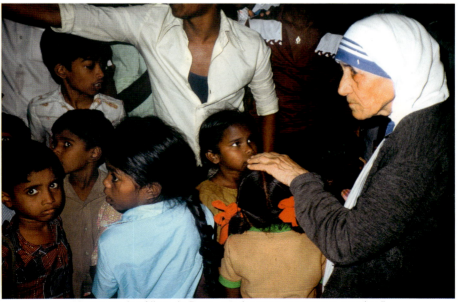
"Somos todos filhos de Deus, criados para amar e ser amados."

O poder de Madre Teresa encontrava-se na paz que ela distribuía.

Também em Viena, especialmente devotada às crianças.

As Irmãs elogiam Madre Teresa usando óculos de sol, depois da operação de catarata.

Uma mãe espiritual de suas Missionárias da Caridade.

Trezentas irmãs e um poço: a lavagem diária dos saris na casa-mãe em Calcutá.

Enviada pelo Papa João Paulo II ao chamado "Bloco do Leste", anteriormente de regime comunista.

Madre Teresa e Cardeal Tomaschek, em Praga.

Um olhar medidativo.

Conversas estratégicas: Bispo Hnilica, Madre Teresa e Padre Leo.

Bispo Pavol Hnilica e Madre Teresa em Moscou.

A oração da Liturgia das Horas no avião.

Sempre ativa: cartas como parte do seu ministério pastoral.

Com o superior da Igreja Apostólica Armênia.

Cumprimento no aeroporto de Moscou.

Assinatura do acordo com o Comitê para a Paz na Armênia.

Absorvida em oração durante um voo.

Caminhando com pessoas após o terremoto na Armênia.

Agarrar e ir em frente é a ordem depois do terremoto na Armênia.

Madre Teresa com Ir. Mala, a provincial para a União Soviética.

Alegria contagiante: Madre Teresa com Padre Leo.

Madre Teresa vive até hoje: em suas Irmãs...

... um lápis na mão de Deus.

No mesmo discurso Madre Teresa frisou que estava, de fato, disposta a aceitar qualquer criança, mas não aceitava qualquer casal para pais adotivos: "Eu sei que os casais têm de planejar a sua família. Para isso existe o método de planejamento natural. O caminho certo para se planejar a família é o método de planejamento natural e não a contracepção". Explicou que, no caso da contracepção artificial, a atenção do homem e da mulher está concentrada neles próprios. Mas, no amor, a atenção do homem e da mulher têm de se concentrar um no outro, tal como acontece com o método de planejamento natural. Madre Teresa disse textualmente: "Nós não podemos resolver todos os problemas do mundo, mas nunca queremos causar o maior problema de todos – que é destruir o amor. E é o que acontece quando aconselhamos as pessoas a praticarem a contracepção e o aborto".

Nesse discurso histórico, dos muito poucos que ela preparou e escreveu antecipadamente, Madre Teresa colocou o fenômeno do aborto no contexto mais alargado da pobreza da alma das nossas sociedades. "O aborto, que muitas vezes se segue à contracepção, faz com que as pessoas sejam pobres espiritualmente, e essa é a pior pobreza e a mais difícil de vencer." No final do discurso, apelou a tudo se fazer "para que nenhuma criança seja indesejada, mal-amada, desamparada, morta ou jogada fora".

* * *

De forma menos visível, mas nem por isso menos autêntica, Madre Teresa preocupava-se carinhosamente com as mulheres que sofriam sob o peso de um aborto. Tais mulheres pertenciam ao pequeno círculo privilegiado de pessoas que Madre Teresa abraçava interiormente e com amor visível. Vi muitas mulheres jovens com o rosto inundado de lágrimas, depois de um encontro com Madre Teresa, serem capazes de voltar a ter esperança no amor compassivo de Deus, que tinham visto de forma tão tangível diante de seus olhos. Um amor de Deus cheio de perdão, que também confere a esperança de poder voltar a ter uma vida feliz e em paz.

Para Madre Teresa, a santidade da vida das crianças, esta "luz de Deus na terra", era intocável e tinha de ser defendida em qualquer situação. Mas ela conhecia também a carência social, o abandono e a solidão nos momentos difíceis da decisão. Por isso tinha sempre o ouvido atento, os braços abertos e um coração completamente disponível para as vítimas dessa carência da alma.

CAPÍTULO 20

É obra dele!

Dos privilégios verdadeiramente agradáveis que cabiam a Madre Teresa à medida que se tornava mais conhecida contava-se uma grande variedade de passaportes de viagem. Na maior parte dos casos, isto é muito prático. Com efeito, lembro-me de uma viagem em conjunto feita à Polônia, na época ainda dominada pelo regime comunista, na qual a abundância de passaportes ameaçava tornar-se um problema.

No controle dos passaportes no aeroporto de Varsóvia eu não tive qualquer problema com o meu passaporte austríaco. Quando já tinha passado pelo posto de controle, virei-me para Madre Teresa e vi que ela rebuscava dentro do saco até que colocou um montão de passaportes sobre o balcão. Fiquei assustado, pois num estado comunista, onde as estruturas da ditadura exercem o seu poder sobre as pessoas também através da emissão de passaportes, aquilo podia ser entendido como uma provocação.

Apressei-me a puxar um dos passaportes e entregá-lo ao funcionário enquanto devolvia os outros passaportes a Madre Teresa sem dizer palavra. O funcionário inspecionou, mal-humorado, e, como não encontrasse nenhum visto, resmungou "Não!". Madre Teresa começou outra vez a procurar dentro do saco e ia tirando um passaporte após o outro. A resposta era sempre:

"Não! Não! Não!". Por fim, encontramos o passaporte com o visto atualizado e Madre Teresa pôde viajar.

Achei tal cena, que num país livre seria cômica, bastante desagradável. Por um lado, porque os funcionários não estavam habituados a que alguém pudesse apresentar vários passaportes. Por outro, porque era fato conhecido que o comunismo não tinha absolutamente nenhum senso de humor.

Como é que esta freira tinha tantos passaportes? Como cidadã indiana, ela tinha, evidentemente, um passaporte indiano, várias vezes reemitido, pois, por causa das muitas viagens, os seus passaportes rapidamente se enchiam de vistos e carimbos. As autoridades indianas logo perceberam que a sua "melhor embaixadora" precisava de passaportes de reserva. Em segundo lugar, Madre Teresa tinha um passaporte diplomático indiano, este também em duas vias. Em terceiro lugar, ela tinha um passaporte de serviço do Vaticano. Se bem me lembro, havia também, por último, um passaporte americano, depois que se tornara cidadã honorária dos Estados Unidos, em 1996.

Além disso, em todos os passaportes ela tinha sempre uma coleção de imagens de santos. Nunca saberemos se isso impressionou bem ou mal o policial da imigração da Polônia comunista.

* * *

Mesmo com reconhecimentos e homenagens, ordens e condecorações, encontros com grandes estadistas e o usufruto de pequenos privilégios, o que impedia Madre Teresa, imune a todas as tentações, de se tornar orgulhosa, presunçosa ou arrogante? Por que, no meio da confusão que se gerava à sua volta, ela permanecia sempre como o simples "lápis na mão de Deus", uma humilde serva?

"É obra dele!", respondeu Madre Teresa com o dedo apontando para cima a um jornalista que achava que o trabalho dela em todo o mundo era mais que admirável. Foi de forma idêntica que reagiu quando lhe perguntaram se todos os louvores e condecorações que recebia – ela deve ter sido uma das pessoas mais destacadas do mundo – não a tornariam um pouco vaidosa. Levou, então, os dois dedos indicadores aos ouvidos: "Entra por um ouvido e sai pelo outro. E no meio não há nada. É obra dele!".

Quando, uma vez mais, foi conferido um título de doutora *honoris causa* a Madre Teresa por uma universidade indiana, ela disse a um bispo que a acompanhava: "Nunca estudei nem obtive nenhum diploma. Não sei muito das leis dos homens; só sei um pouco das leis divinas, mas vejam só quantos títulos de doutora *honoris causa* já recebi".

Em 26 de outubro de 1985, Madre Teresa foi convidada a falar perante a Assembleia Geral das Nações Unidas em Nova York. No dia da sessão plenária da ONU, Madre Teresa seguiu muito normalmente os procedimentos da casa das Irmãs em Washington. Depois da Santa Missa e da reflexão da manhã veio a limpeza, primeiro dos saris, depois dos sanitários e do chão. Como todos os dias, ela deu o exemplo trabalhando também. Na maior parte das vezes, exigia ficar com os sanitários: "Sou especialista nisso, talvez a melhor especialista do mundo em limpar sanitários".

Depois, levaram-na para Nova York no calhambeque de um voluntário da congregação. Chegando no edifício principal da

ONU, foi recebida de pé, ovacionada por delegados e chefes de Estado.

O secretário-geral das Nações Unidas, Javier Pérez de Cuéllar, apresentou-a assim: "Este é o salão da palavra. Alguns dias atrás tivemos aqui, neste púlpito, o homem mais poderoso do mundo. Agora temos a honra de ter entre nós a mulher mais poderosa do mundo. Não creio que seja necessário apresentá-la. Ela não precisa de palavras. Ela precisa de atos. Penso que o melhor que posso fazer é prestar-lhe reconhecido tributo quando digo que ela é mais notável do que eu, mais notável do que todos nós. Ela é as Nações Unidas. Ela é a paz no mundo. Muito obrigado".

Madre Teresa dirigiu-se para o púlpito no salão da Assembleia Geral e começou o seu discurso: "Estamos aqui reunidos para agradecer a Deus pelos quarenta anos de trabalho maravilhoso que as Nações Unidas desenvolveram para o bem das pessoas. E porque começamos o Ano da Paz, rezemos a oração da qual todos receberam um exemplar. Rezemos juntos esta oração pela paz, pois as obras do amor são as obras da paz. Rezemos juntos para que possamos alcançar a paz e para que Deus nos conceda a paz quando todos nos tornarmos um só".

E logo se tornou a porta-voz da oração, no meio daquele salão da política mundial e da intriga global:

Senhor, tornai-nos dignos, para que, em todo o mundo,
possamos servir os nossos irmãos que vivem
e morrem na pobreza e na fome.
Dai-lhes hoje, pela nossa mão, o pão de todos os dias
e, através do nosso amor compassivo, concedei paz e alegria.
Senhor, fazei de mim um instrumento de vossa paz;

onde houver ódio, que eu leve o amor;
onde houver discórdia, que eu leve a união;
onde houver dúvidas, que eu leve a fé;
onde houver erros, que eu leve a verdade;
onde houver ofensa, que eu leve o perdão;
onde houver desespero, que eu leve a esperança;
onde houver tristeza, que eu leve a alegria;
onde houver trevas, que eu leve a luz.
Ó Mestre, fazei com que eu procure mais consolar,
que ser consolado;
compreender, que ser compreendido;
amar, que ser amado;
pois é dando que se recebe;
é perdoando, que se é perdoado;
e é morrendo que se vive para a vida eterna.
Amém.

Foi com essa oração, de São Francisco de Assis, que ela começou o discurso. E depois deu, aos políticos e diplomatas ali reunidos, uma lição de catequese, na qual – como sempre – apontava não para si, mas para Jesus: "Peçamos a Nosso Senhor para fazer de nós instrumentos da paz, do amor e da unidade. Foi para isso que Jesus veio, para dar testemunho desse amor. Deus amava tanto este mundo que enviou Jesus, seu Filho, para que ele viesse até nós e nos trouxesse a Boa-Nova de que Deus nos ama. Esse é o seu desejo: que nos amemos uns aos outros, como ele ama cada um de nós. Ele nos concebeu por uma única razão: para que amemos e sejamos amados. Por mais nenhuma razão. Não somos apenas um número neste mundo. Nós somos filhos de Deus".

Na China, assim contou no discurso, perguntaram-lhe: "Que é um comunista para você?". Ela respondeu: "Um filho de Deus, um irmão meu, uma irmã minha". E, dirigindo-se outra vez aos delegados: "É precisamente para isto que estamos aqui, os senhores e eu: para sermos irmãos e irmãs. Porque foi a mesma mão amorosa de Deus que nos fez, a você e a mim, e o morador de rua, bem como os leprosos, os famintos, os ricos, pela mesma razão: para amar e ser amado. Foi para isso que nos reunimos hoje, para descobrirmos o significado da paz".

Já mencionei que também nesses discursos, amplamente divulgados, ela apontava o aborto como o "maior destruidor da paz" e lembrava as carências da família. Não se pode deixar de mencionar o apelo que ela dirigiu aos chefes de Estado, diplomatas e delegados presentes: "Tomemos hoje, aproveitando que estamos aqui reunidos, uma importante resolução em nosso coração: eu quero amar. Eu quero ser portador do amor de Deus. [...] Amemos, pois, partilhemos uns com os outros, oremos para que este horrível sofrimento dos nossos semelhantes desapareça. [...] Eu vou rezar por vocês, para que vocês possam crescer neste amor de Deus, para que vocês se amem uns aos outros como ele ama cada um de vocês e, sobretudo, para que vocês se tornem santos por meio deste amor. A santidade não é luxo de uns poucos. É simplesmente um dever de cada um de nós. Porque a santidade traz o amor, e o amor traz a paz, e a paz nos une. Não tenhamos medo, porque Deus está conosco quando lhe damos licença para isso, quando lhe oferecemos a alegria de um coração puro".

Concluiu o seu discurso perante a ONU com o seguinte pensamento: "A oração oferece-nos um coração puro. Com um coração puro podemos ver Deus em todos os indivíduos, e quando vemos Deus nos outros, então somos capazes de viver em paz, e quando vivemos em paz, somos capazes de partilhar com todas as pessoas a alegria do amor, e Deus estará conosco".

Quando a sua intervenção perante as Nações Unidas terminou, depois de ter recusado um banquete para angariar dinheiro para os seus pobres, o mesmo calhambeque que a trouxera a Nova York levou Madre Teresa de volta para a casa das Irmãs, em Washington, onde ela, como todas as Irmãs, continuou seguindo o ritmo e os preceitos da casa.

Essa humildade e simplicidade deviam possivelmente defender Madre Teresa também contra as suas próprias tentações.

A limpeza dos sanitários, como já mencionei diversas vezes, tinha também esse sentido espiritual, como ilustra a seguinte anedota: uma das Irmãs que a acompanhava num voo para Washington – na época do antigo presidente dos Estados Unidos Ronald Reagan – fez uma observação singular: Madre Teresa dirigiu-se primeiro para a frente, para os sanitários da classe executiva, primeiro ao do lado direito e depois ao do lado esquerdo. Depois, foi para a parte traseira do avião, para os sanitários da classe econômica. A curiosidade venceu a timidez da Irmã, que lhe perguntou a razão daquela visita aos vários sanitários. A resposta breve foi: "Exorcismo!".

Madre Teresa tinha lavado todos os sanitários e parecia ter encontrado na sua limpeza um remédio contra qualquer acesso de soberba. Isso ia ao encontro da sua máxima muitas vezes repetida: "Como é que se aprende a humildade? Sendo humilde!".

* * *

Na capela da casa-mãe em Calcutá, além da cruz com as palavras "Tenho sede" por baixo do braço direito de Jesus, do altar e de um missal, havia ainda uma grande estátua de Nossa Senhora, que estava enfeitada com uma Ordem de Mérito que Madre Teresa recebera da rainha da Inglaterra. De vez em quando, também pendurava outras condecorações na estátua. Uma boa imagem para ilustrar de que modo Madre Teresa recebia as muitas homenagens, condecorações e agradecimentos que lhe eram concedidas: como representante dos mais pobres dos pobres e, ao mesmo tempo, sabendo que nada daquilo que lhe fora concedido era mérito seu. Nunca se cansava de frisar que tudo aquilo era "obra dele". E porque estava completamente orientada para Jesus, agia e vivia sempre em estreita ligação com Maria, mãe dele. De resto, enviou à rainha da Inglaterra uma fotografia de Nossa Senhora com a condecoração britânica, para mostrar que ela estava sendo bem utilizada.

Aos pés de Nossa Senhora, que se encontrava sobre um pedestal, havia um espaço livre. Madre Teresa colocou aí uma pomba da paz em prata – mais uma condecoração que tinha recebido. Quando as condecorações eram doadas, era claro que ela aceitava o dinheiro de bom grado, para os mais pobres dos pobres. Quando as medalhas tinham valor material, por exemplo, quando eram de ouro, ela as vendia, geralmente para reverter o dinheiro em favor dos pobres.

A lista das provas de apreço pela sua obra é muito extensa. Mencionamos algumas aqui, a título de exemplo: em 1962, o presidente da Índia atribuiu-lhe o Prêmio Padmashri. No mesmo ano, recebeu do presidente das Filipinas o Prêmio Magsaysay. Em 1971, recebeu em Roma o Prêmio da Paz João XXIII, das mãos do Papa Paulo VI; um ano depois, o Prêmio do Bom Samaritano, em Boston, e o Prêmio Internacional John F. Kennedy pela Humanidade, em Nova York. No mesmo ano, foi homenageada com o título de doutora *honoris causa* pela Universidade Católica de Washington. Em 1972, o governo indiano atribuiu-lhe o Prêmio Jawaharlal-Nehru para o Entendimento Internacional. Em 25 de abril de 1973, o príncipe Philip entregou-lhe, em Londres, o Prêmio Templeton para o Progresso da Religião. Em 17 de outubro de 1979, recebeu o Prêmio Nobel da Paz. No ano seguinte, foi-lhe atribuído o prêmio mais importante da Índia, o Bharat Ratna. Em 1985, foi agraciada com a Medalha Presidencial da Liberdade, a mais alta distinção civil dos Estados Unidos da América. Depois de ter viajado pela primeira vez para a Albânia em 1991, onde pôde participar da inauguração da catedral católica, foi reconhecida, em 1992, como cidadã honorária desse país. Em 1996, tornou-se cidadã honorária dos Estados Unidos.

No quarto de Madre Teresa em Calcutá, parcamente mobiliado, havia, além de uma cama e de uma secretária, algumas caixas de papelão com etiquetas para identificação em cima de um armário: correio enviado, correio recebido, Irmã XY e, ao lado, uma caixa com "condecorações". No final de cada viagem, era para lá que iam as condecorações que Madre Teresa recebia. Quando a caixa ficava cheia, o conteúdo era despejado em uma caixa de metal. Encontram-se hoje no arquivo da casa-mãe em Calcutá, não muito longe do quarto onde se encontra o sarcófago de Madre Teresa, sete armários militares cheios de condecorações e medalhas com que Madre Teresa foi agraciada, e uma coleção de moedas de quase todos os países que têm a sua imagem cunhada.

É fascinante ver quão pouco Madre Teresa se preocupava com a própria imagem. Ela sabia que "no fim da vida não vamos ser julgados pelo número de diplomas que obtivemos ou pelo dinheiro que juntamos ou pelo número de obras grandiosas que realizamos. No fim da vida vamos ser julgados assim: 'Tive fome e me destes de comer; estava nu e me vestistes; não tinha lar e me acolhestes' (cf. Mt 25,35-36)".

Por isso, fracassos ou meios sucessos não a lançavam em crise de modo algum. Davam-lhe, pelo contrário, uma profunda calma interior: "Está vendo, padre?", começavam assim, geralmente, as suas pequenas lições, "Deus não me destinou ao sucesso. Ele me destinou à fidelidade". Assim, fracassos e desilusões eram também os companheiros constantes de Madre Teresa.

Terá sido nesse contexto que ela disse: "Eu sei que Deus não vai me obrigar a nada que eu não possa suportar. Mas às vezes preferia que ele não tivesse tanta confiança em mim".

* * *

No Natal de 1988, ganhei um computador de presente. Na época não era tão natural como é hoje. Além disso, tendo em conta as condições do momento, tratava-se de um computador top de linha, com dois drivers! Quando os planos para a abertura da casa na Rússia começaram, pensei que esse computador poderia ser de grande valia. Por isso queria levá-lo comigo para Moscou. Madre Teresa ouviu o meu plano e os meus argumentos com muita atenção. Depois, olhou bem para mim e disse:

"Padre, é melhor não levá-lo. O melhor é simplesmente prestar um serviço modesto". Fiquei sem saber o que dizer. Rompendo o silêncio, ela disse: "Padre, você sabe como é que se aprende a humildade? Sendo humilde".

Olhando para trás, tal recusa produziu dois frutos diretos: primeiro, porque toda a minha bagagem desapareceu na viagem para Moscou, e junto com ela também teria ido o computador; segundo, porque pude constatar que Madre Teresa era muito flexível no que concernia a pôr em prática toda a pedagogia necessária. Muitos meses depois, na época da Páscoa de 1989, na Armênia, tinha quase me esquecido do computador, Madre Teresa me chamou, dizendo: "Padre, se quiser, agora você pode levar o computador". Ela se lembrava, meses depois, do quanto me tinha custado não o ter levado. Mas talvez ela também tivesse a impressão de que eu, nesse meio-tempo, aprendera aquilo que devia aprender.

No fim da temporada na Armênia, a venda do computador a um armênio abastado rendeu, no câmbio paralelo de então, rublo-dólar a 1:1, treze mil e quinhentos dólares. Com o dinheiro foi possível financiar uma viagem de Paris a Roma a um grupo inteiro de jovens armênios.

Ganhei, como presente do meu irmão, um dos primeiros telefones celulares. Na época, o aparelho consistia em uma mala de mão com fones pesando dois ou três quilos. Mas, mesmo assim, podia-se transportar e, claro, ficar à disposição das Irmãs de Madre Teresa e dela mesma a fim de se organizarem. Talvez fosse também um pouco minha intenção impressionar Madre Teresa com isso.

O único aparelho técnico que Madre Teresa e as Irmãs utilizavam em casa era o telefone. Os celulares deviam ser também autorizados, pensei eu. Então sugeri a ela que munisse pelo menos a madre superiora da casa ou a madre provincial com um telefone portátil. Dado o voto de pobreza das Irmãs, achei que seria um argumento bastante bom dizer: "Sabe, assim também podemos poupar muito dinheiro, porque podemos nos falar em qualquer lugar, tornando desnecessárias muitas voltas que de outra forma teríamos de dar, e tudo por meio de uma simples e rápida ligação a partir deste telefone celular". Uma redução nas despesas, portanto!

Mas Madre Teresa limitou-se a responder: "Padre, nós fizemos um voto de pobreza e não um voto de economia".

CAPÍTULO 21

Sofrimento e morte

No filme das irmãs Jeanette e Ann Petrie, quando perguntam a Madre Teresa como é possível entender o sofrimento, ela responde: "O sofrimento em si e por si não tem qualquer valor, mas o sofrimento associado ao sofrimento de Cristo tem um significado incrível. O sofrimento como reparação, abnegação, tem um significado incomensuravelmente profundo. Quando o sofrimento é aceito como uma dádiva de Deus, ele assume um significado incrivelmente profundo. É, na verdade, o caminho mais belo para crescer em santidade e ser como Jesus".

Tal aceitação e abnegação não dizem só respeito ao grande sofrimento, às perdas difíceis de suportar. Elas pode marcar toda a nossa vida, se das pequenas coisas desagradáveis – na escola, no trabalho e em casa – fizermos pequenas oferendas a Deus. Um exemplo: Madre Teresa não gostava nada de ser o centro das atenções. Gostava menos ainda de ser fotografada. Mas, como não podia evitar isso, fez, como ela própria explicou, um "contrato com o céu": por cada fotografia que lhe tirassem ela pedia a Jesus que libertasse uma alma do purgatório e a levasse para o céu. Decidiu transformar as enfadonhas sessões de fotografia em dádivas. Quando Madre Teresa viajava, montava-se muitas vezes, nos aeroportos de chegada, na pista de aterrissagem ou na área de desembarque, uma tribuna para os fotógrafos que a esperavam. Assim que ela surgia, começava uma verdadeira tempestade de flashes. Quando se prolongava por muito tempo, Madre Teresa dizia, com um sorriso rasgado: "Agora já chega, o purgatório já está vazio".

Uma vez disse, com ar travesso, que a inflação estava tão alta que tinha alterado o "contrato" para as almas: "Agora, por cada fotografia que me tirarem, duas almas terão de ir do purgatório para o céu".

Muitas pessoas que conheceram Madre Teresa ou as Irmãs ficavam impressionadas com a alegria contagiante, não obstante as difíceis circunstâncias em que, geralmente, as próprias Irmãs viviam e trabalhavam. Madre Teresa deixou bem claro, nos estatutos da sua congregação, como deveria ser seu espírito. Três pontos devem ser destacados aqui: "a confiança com amor"; segundo, "a entrega total"; e, finalmente, "a alegria"! Madre Teresa estava intimamente ligada a estes três pontos: se eu confiar em Deus com amor, se eu for capaz de me entregar a ele totalmente, então a alegria torna-se uma consequência lógica. A confiança com amor significava, para Madre Teresa, confiança no plano de Deus, ao qual ela se entregava totalmente em toda a sua "insignificância", o seu nada-ser – esta era uma expressão criada e muitas vezes utilizada por Madre Teresa. Deus podia transformar este nada-ser em ser-algo, mas era sempre "trabalho dele" e "obra dele", e não fruto de nosso esforço próprio.

Por outro lado, ela disse um dia que o próprio Deus não conseguia preencher o que já está cheio. Com isso queria dizer que, quando estamos completamente cheios de nós mesmos, completamente cheios da nossa própria vaidade, então Deus não consegue trabalhar conosco, pois não pode servir-se de nós. Mas, se aceitarmos o nosso "nada-ser" e nos dirigirmos a ele confiantemente com amor, então ele pode servir-se de nós, pois pode encher-nos com o seu amor e conosco fazer "grandes coisas".

Intimamente ligada a isso está a "entrega total", a submissão à vontade de Deus. Madre Teresa empregava a palavra "pertença". Se eu me submeter totalmente a Jesus, então eu pertenço a ele. Acerca dos votos, Madre Teresa dizia às Irmãs: "Se professarem os seus votos, então pertencerão totalmente a Jesus e terão de se agarrar em Jesus, terão de se colar nele. Não permitam que alguém se interponha entre vocês e Jesus".

Um episódio que me foi contado por um padre ilustra quão séria era essa proximidade de Jesus. Quando Madre Teresa esteve no hospital, sofrendo de dores violentíssimas, um dos médicos lhe perguntou: "Madre Teresa, o que eu não entendo é: por que razão a senhora tem de sofrer tanto?". Ela respondeu: "Porque ele [Jesus] mesmo sofreu muito e porque eu pertenço a ele. Se eu tiver de morrer amanhã, tudo bem. Ele pode servir-se de mim como quiser. Eu não tenho voto na matéria".

Com essa entrega total Madre Teresa viveu um princípio que também constava nos estatutos dela: a entrega total consiste, entre outras coisas, "em aceitar sempre o que ele der e dar tudo aquilo que ele tira, e em ambas as situações sempre com um grande sorriso". Pertencer a Jesus significava, para Madre Teresa e para as Irmãs, que elas podiam ser utilizadas por ele sempre e para o que ele quisesse, sem que antes ele tivesse de lhes pedir autorização.

Uma consequência dessa confiança com amor e da entrega total é a alegria. Ao alimentar-se dessa fonte, ela é o fruto do Espírito Santo, um sinal do Reino de Deus. A alegria é uma rede de amor, com a qual podemos pescar almas. Uma Irmã que transborde amor evangeliza sem falar. "Uma Irmã alegre", dizia Madre Teresa, "é como um raio de sol do amor de Deus. É um raio de esperança na bem-aventurança. Ela é uma chama de amor ardente".

* * *

No final de um dia muito cansativo na Índia Central, enquanto as Irmãs de Madre Teresa rezavam, o Bispo Hnilica e eu estávamos sentados, à noite, numa sala, repondo os nossos níveis de líquidos que o dia deixara em desequilíbrio. Terminada a oração, Madre Teresa entrou, e um de nós disse, um pouco à guisa de justificação: "O dia hoje foi realmente uma maravilha! Quanto se pode fazer num dia!". Pressentindo a leve censura contida nessas palavras, ela respondeu com um sorriso radioso: "Padre, a maravilha não é o trabalho que fazemos. A maravilha é termos a sorte de poder fazê-lo".

Essa maravilha de, não obstante toda a miséria e sofrimento à volta, tornar o serviço feliz, tinha a sua fonte na visão sobrenatural. Quando me encontrei com Madre Teresa pela primeira vez depois da minha ordenação, a primeira coisa que ela me disse, na sua capela em São Gregório, em Roma, foi: "Padre, agora, quando você celebrar missa, por favor, derrame também uma gota por mim no cálice".

Ela queria dizer: quando derramar as gotas de água no cálice, leve-me com você no fenômeno da transubstanciação.

A partir de então, nomeadamente ao colocar os pedaços de hóstia no cálice – como sinal da ressurreição –, comecei a fazer outra coisa, incluir Madre Teresa. Ao olhar para trás, o seu pedido torna-se-me ainda mais claro: agora que conhecemos a sua "noite da alma", a sua experiência do afastamento de Deus, compreendo que o seu pedido fosse no sentido de, ao derramar as gotas que simbolizam nós mesmos na divindade de Cristo – portanto no vinho, que se há de transformar no sangue de Cristo, ela fosse totalmente aceita em Deus. Penso que com isso ela queria pedir-me que, de vez em quando, eu recordasse a Deus que ela estava totalmente unida a ele e em comunhão com ele. Isso corresponde precisamente à oração que o padre reza na missa acompanhando a mistura de água e vinho.

Madre Teresa percebeu ainda muito jovem que o seu modo peculiar de seguir Jesus estaria ligado ao seu próprio sofrimento. Durante anos ela partilhou a experiência do abandono de Jesus no Jardim de Getsêmani. Quem ler o livro escrito pelo Padre Brian Kolodiejchuk, *Madre Teresa. Venha, seja a minha luz* [Ediouro, 2008], há de entender a aflição desse abandono.

Também no final da sua doença Madre Teresa teve de suportar algo que ela mesma decerto associou diretamente a esse abandono de Deus, sentido de forma tão dolorosa. Por causa das dificuldades respiratórias e da insuficiência cardíaca, que chegava muitas vezes aos cinquenta por cento da sua capacidade, a circulação sanguínea estava comprometida. Madre Teresa tinha alucinações.

Numa manhã, perguntou às Irmãs por que razão todas tinham ido embora à noite: "Por que todas as Irmãs me abandonaram? Fiquei sozinha a noite toda, e precisei tanto delas. Ninguém estava lá". Claro que as Irmãs estavam lá, mas Madre Teresa teve a sensação de que todas a tinham abandonado. A congregação tinha se afastado dela, pensava. Uma alucinação fisicamente explicável – mas por qual sofrimento atroz ela deve ter passado!

Não só no Lar dos Moribundos, mas também em muitas outras situações, Madre Teresa viu-se diretamente confrontada com o drama da morte. Ela se referia à morte sempre como "um regresso à casa de Deus". Madre Teresa não tinha qualquer espécie de medo da morte e, também perante a morte das outras pessoas, não tinha medo nem hesitações. Uma Irmã do Lar dos Doentes com Aids, em Nova York, contou que Madre Teresa disse a Ben, um doente com Aids já à beira da morte: "Ben, eu gostaria que você me esperasse na porta do céu para me cumprimentar quando eu lá chegar". Ela queria tirar-lhe o medo da morte, e Ben assim prometeu.

* * *

Pude constatar que a morte não a assustava quando ela me mandou para a Etiópia a fim de orientar o retiro das Irmãs. Na despedida, expliquei a Madre Teresa a difícil situação política entre a Eritreia e a Etiópia, então separadas por uma linha demarcatória: "Algumas Irmãs têm de atravessar esta linha divisória entre os grupos rivais para irem para o retiro, e isso não é totalmente seguro para elas". Perguntei a Madre Teresa: "Tem alguma mensagem especial para essas Irmãs que correm perigo?". A reposta que me deu podia parecer macabra de início, mas testemunha a sua atitude despreocupada em relação à morte: "Sim, padre, diga-lhes que se tiverem de morrer, que morram bem".

A propósito disso, lembro-me de uma história que a própria Madre Teresa contava. Em 1986, em Amã, a capital do reino da Jordânia, pouco depois de ter aberto a primeira casa das Missionárias da Caridade, a guerra estourou e iniciou-se o confronto armado. As Irmãs telefonaram, então, para Roma, para contarem a Madre Teresa as dificuldades em que viviam. Ela as incentivou a confiarem em Deus e a permanecerem fiéis aos pobres. No fim da conversa teria dito: "[...] e liguem novamente quando estiverem mortas".

Pelo contrário, um acidente em Dodoma, capital da Tanzânia, com um avião particular em que seguia a própria Madre Teresa, foi, para ela, trágico e perturbador. O pequeno aparelho de quatro lugares caiu logo depois de decolar. Nesse acidente morreram uma Irmã de Madre Teresa e mais outras duas pessoas de um grupo que tinha vindo homenageá-la e despedir-se.

Madre Teresa, como que por milagre, saiu ilesa. Ao deixar o avião, completamente confusa, apenas murmurava: "Foi a vontade de Deus. Foi a vontade de Deus!", mas durante meses chorou a morte das três pessoas.

CAPÍTULO 22

No auge da sua santidade

À s vezes eu era apresentado como "o confessor" de Madre Teresa. Não era bem assim. Onde quer que estivesse e atuasse, Madre Teresa queria ter um padre a seu lado porque não prescindia da Santa Missa todos os dias e da confissão para ela e para as Irmãs. O meu privilégio era simplesmente poder ser o padre que estava ao lado dela em algumas viagens e em alguns lugares. A vantagem que eu tinha era apenas a minha disponibilidade. Mas havia também outros padres de outros países e continentes, com outras histórias de vida e outros talentos.

Cada padre, assim me parece, era para ela também um alvo didático. Tendo-o por perto, podia também ensinar-lhe muita coisa. Naquela época, no início da nossa caminhada em conjunto, ela teve oportunidade de preparar, formar e corrigir um padre ainda jovem como eu. Ela trabalhou como educadora e professora nas Irmãs de Loreto e, durante toda a vida, foi uma brilhante pedagoga. Tudo o que fazia era também uma atividade didática.

Um pequeno exemplo que me ocorre diversas vezes: ela decidia, o mais discretamente possível, quem ia no carro. Assim, as Irmãs não podiam sentar-se ao lado de um homem, mesmo se fosse padre. Se no banco de trás podiam ir quatro pessoas, aí não se podia sentar nenhum homem, só Irmãs. Se fossem três lugares, à direita sentava-se a Irmã, no meio Madre Teresa e à esquerda, o homem. Era claríssimo. Dado que muitas das Irmãs eram indianas jovens, alegres e encantadoras, pode-se ver isso também como uma maneira inteligente de evitar as tentações.

O engraçado era que ela própria desempenhava o papel de "curinga", colocando-se onde pudesse evitar qualquer tentação – mesmo que existisse apenas na imaginação dela. "Nada nem ninguém", como ela dizia, deve "interpor-se entre você e Jesus". E para que isso não acontecesse mesmo, punha-se ela no meio.

Penso que Madre Teresa era uma especialista da natureza humana e sabia exatamente o que se passava à sua volta. Por um lado, detinha certa sabedoria natural, que não se distanciava muito da chamada perspicácia camponesa; por outro, tinha também uma percepção verdadeiramente sobrenatural e mística, de onde vinha sua habilidade em influenciar pessoas. Não se podia explicar de outra forma o fato de ela, num mínimo espaço de tempo, examinar tantos problemas e implicações.

Muitas vezes, com uma palavra Madre Teresa resolvia, de forma rápida e definitiva, descontentamentos incipientes entre acompanhantes ou colaboradores. Depois de um dia verdadeiramente cheio, com centenas de conversas e de questões organizacionais, fiz o seguinte desabafo: "Madre Teresa, não é mesmo nada fácil viajar com uma santa". Ela sorriu: "Mas, padre, você sabe quem é santo? Santo é aquele que vive com um santo".

Do ponto de vista humano, ela era muito talentosa e inteligente e diplomática, o que não quer dizer que não tenha sido necessário aprender alguma coisa e crescer com os desafios. Nas primeiras entrevistas que deu à televisão, agia ainda de forma tímida, embaraçada e um pouco na defensiva. Intimamente, ela sempre sabia o que queria dizer, mas, nos primeiros anos, parecia que estava recitando. Nesse aspecto, progrediu muito, ganhando em autoconfiança. Não pude testemunhar tais progressos e por isso também não posso descrevê-los neste livro. Quando a conheci já era uma personalidade madura, completamente desabrochada – no auge da sua santidade. Durante os anos em que me foi dado conviver com ela, só notei uma evolução: tornava-se cada vez mais branda e afável.

* * *

As raras oportunidades de me encontrar com Madre Teresa e com ela conversar à noite, sossegadamente, eram em parte preenchidas com questões práticas ou organizacionais que necessitavam de esclarecimento. Uma vez resolvidas, cada um de nós queria simplesmente ouvi-la. A conversa tomava sempre um rumo espiritual. Aproveitava sempre a oportunidade para nos contar algo didático, instrutivo ou divertido que, ao mesmo tempo, continha ou descrevia o milagre que Deus era para ela.

Numa dessas conversas, surgiu a questão de como seria no céu e como seríamos julgados. Ela disse: "Não tenho a certeza de como será o céu, mas acho que, quando morrermos e quando chegar o momento de sermos julgados, Deus não vai nos perguntar quantas coisas boas fizemos, mas apenas com quanto amor as fizemos".

Por isso ela surpreendia muita gente que questionava a credibilidade da Igreja e acreditava talvez encontrar nela uma aliada para as ideias revolucionárias, com respostas como a que deu a um jornalista, aparentemente preocupado, que lhe perguntou: "Madre Teresa, afinal qual o problema da Igreja hoje em dia?". A resposta saiu disparada que nem um tiro: "O senhor e eu!".

Era aí, no coração de cada um, que, segundo ela, se encontrava a verdadeira e permanente necessidade de reforma.

Certa vez um jornalista tentou provocá-la: "Madre Teresa, a senhora tem agora 70 anos. Quando a senhora morrer, o mundo vai continuar exatamente como antes. Depois de um esforço tão grande como o seu, alguma coisa vai mudar afinal?". Sem o mínimo sinal de impaciência e com um sorriso vitorioso, ela respondeu: "Sabe, nunca acreditei ser capaz de mudar o mundo. Apenas tentei ser uma gota de água pura na qual Deus pudesse ver o seu reflexo. Parece-lhe pouco?". Como acontecia muitas vezes, fez-se silêncio. Ninguém ousou dizer nada. Madre Teresa virou-se outra vez para o repórter e disse: "Por que é que o senhor não tenta também ser uma gota de água pura? Então já seríamos dois. O senhor é casado?". "Sou, sim, Madre Teresa." "Fale sobre isso com a sua mulher também, e então já seremos três. Tem filhos?" "Sim, três filhos, Madre Teresa." "Então fale também aos seus filhos, e já seremos seis."

Todavia, valerá a pena o esforço que as Irmãs, dia após dia, fazem quando ainda não se conseguiu erradicar a miséria? Madre Teresa deu uma bela resposta a essa pergunta do Arcebispo Ângelo Comastri, que mais tarde foi vigário-geral de Sua Santidade para o Estado da Cidade do Vaticano e elevado a Cardeal pelo Papa Bento XVI em janeiro de 2007. Ela respondeu: "Sim, é verdade. Aquilo que fazemos é apenas uma gota no oceano. Mas, sem o nosso trabalho, o oceano teria essa gota a menos".

Admirei muitas vezes a alegria efusiva e ao mesmo tempo a profunda perplexidade das pessoas que esperavam horas só para poder ver Madre Teresa por um instante. Ou para lhe tocarem os pés, segundo o costume indiano. Ou, ainda, para poderem trocar umas breves palavras com ela. A ânsia de vê-la traspassava todas as classes e camadas sociais na Índia. Talvez nós, os colaboradores próximos, reparássemos menos nisso porque estávamos sempre à sua volta. Talvez, em certo sentido, fôssemos cegos a isso.

O Arcebispo Comastri contou uma história que revelava um pouco do segredo que se escondia por trás desse desejo: num voo em que ele acompanhava Madre Teresa, um homem veio ao seu encontro de repente, ajoelhou-se aos seus pés e disse com voz trêmula: "Padre, eu não entendo o que se passa. Sinto como se fosse o próprio Deus que estivesse me olhando através dos olhos dessa mulher [referindo-se a Madre Teresa]". O Arcebispo Comastri foi imediatamente ao encontro de Madre Teresa para lhe contar o que o homem acabara de lhe dizer. Mas ela respondeu com uma calma desarmante: "Diga a esse homem que Deus já olhou para ele há muito tempo. Ele é que nunca tinha reparado. Deus é amor".

O documento publicado pelo Padre Brian Kolodiejchuk tornou pública a "noite da alma", a insaciável sede de Madre Teresa pela proximidade de Deus. É precisamente nesse contexto que me parece relevante realçar que a alegria ocupava um lugar especial em sua vida e em sua maneira de agir. Não se trata apenas da alegria natural de um coração jovial, mas também a alegria intencional, a alegria pela qual eu me decido, portanto.

A sua frase "Se você não sorri, sorria" mostra que, para Madre Teresa, a alegria não era simplesmente uma luzinha verde do nosso estado de espírito, mas que esse estado de espírito depende também da nossa própria vontade.

Ao olhar para trás, atrevo-me a perguntar: então por que disponibilizamos de bom grado todo o nosso tempo, a nossa capacidade de organização, a nossa força e tantos bens materiais a Madre Teresa e as Irmãs? Provavelmente, porque cada contato com Madre Teresa significava tocar e ser tocado pelo amor. Cada encontro deixava-nos reconfortados e cheios de alegria. Ela também nos fazia sentir que Deus é amor!

Certa vez, no meio de um grupo de jovens, ela perguntou: "Quem foi a primeira das Missionárias da Caridade?". Para muitos, a pergunta se assemelhava a uma pegadinha, pois a resposta parecia óbvia: "Foi a senhora, Madre Teresa". Então ela meneou a cabeça: "Não, a primeira Missionária da Caridade foi Nossa Senhora, porque, assim que concebeu Jesus no seu ventre, apressou-se a ir ao encontro de Isabel – e só a alegria podia dar-lhe forças para isso".

Um dia, levei a Madre Teresa uma grande quantia de dinheiro que me tinha sido oferecida e que eu queria dar para os pobres. Ela viu o dinheiro no envelope e a sua primeira pergunta foi: "Padre, você está contente por poder me dar este dinheiro?".

A um grupo de Irmãs que estava à sua espera num aeroporto, Madre Teresa disse: "Se encontrarem uma pessoa que não tenha um sorriso nos lábios, deem-lhe um de seus sorrisos".

Numa viagem juntos, ela meditava em voz alta: "Se nos pusermos à prova, haveremos de reparar que todas as tentações contra a pureza, contra os votos de castidade surgem quando estamos tristes ou de mau humor. Uma Irmã mal-humorada é um joguete na mão do diabo. Ele consegue fazer dela o que quiser. Por isso, quando você estiver triste e mal-humorado, procure à sua volta onde possa matar a sua sede de amor. Para permanecer casto, você precisa da virtude da alegria. Jesus queria que 'a alegria estivesse dentro de vocês'".

Um dia, contou Madre Teresa, chegou um homem ao Lar dos Moribundos em Calcutá, sem proferir palavra. "Limitou-se a passar pelas filas de camas e, quando voltou a sair, disse a uma das Irmãs: 'Nunca acreditei em Deus, mas agora acredito que ele existe, porque só Deus pode oferecer tanto amor e tanta alegria às Irmãs num ambiente tão horrível".

Contava-se uma história idêntica de três muçulmanos que Madre Teresa tinha levado para o Lar dos Moribundos. Quando passava com eles pelas filas de moribundos, reparou que um tinha ficado para trás. Deixou os outros dois à espera, voltou atrás e viu que ele tinha os olhos cheios de lágrimas. Perguntou-lhe, então, se podia ajudá-lo de alguma maneira. Ele respondeu: "Madre Teresa, durante toda a vida acreditei que Jesus era um profeta, mas hoje sei que ele é Deus, pois só Deus pode oferecer tanta alegria em cuidar do próximo".

* * *

Após uma fase aguda da doença, todas as Irmãs e amigos sentiram grande alívio pelo fato de Madre Teresa ainda poder ficar conosco mais um pouco. Velada ou abertamente, dizíamos-lhe que ela ainda não estava preparada para ir para o céu.

"Não, não, é outra coisa", respondia ela. "Sonhei uma vez que já estava na porta do céu, mas São Pedro me disse: volte para a terra, que aqui não temos favelas." Ao que ela retorquiu: "Bom, então volto para a terra a fim de encher o céu de pobres".

Numa outra ocasião, Madre Teresa foi de Calcutá a Roma após ter vencido uma doença grave e perigosa. Repetia sempre a quem quisesse ouvir: "Quase voltei para a casa de Deus, mas as orações de todo o mundo, das minhas Irmãs e de todas as pessoas bondosas, prenderam-me aqui. Chegaram tantas cartas e postais com 'rápidas melhoras' de todas as partes do mundo! De milhares de pessoas que eu nem conheço! Deviam ver que lindos desenhos me fizeram as criancinhas, e quanto amor há nas cartas que me escreveram. Eu acho que São Pedro se cansou de tanto vaivém de orações a Jesus e a Maria para intercederem por mim". Para São Pedro, obviamente, era mais fácil manter Madre Teresa saudável.

Madre Teresa foi operada várias vezes do coração. Mas nem um coração fraco nem os conselhos médicos bem-intencionados conseguiam frear ou impedir que ela carregasse toda a carga do trabalho diário.

Mesmo no hospital, poucos meses antes de morrer, Madre Teresa não perdia a alegria e o bom humor. Conta-se que, depois de ser hospitalizada, ligaram-na à noite a um aparelho de eletrocardiograma, do qual pendia um monte de fios. Ao reparar nos fios, começou a contá-los e perguntou a uma Irmã: "Que fazem aqui estes fios todos? Já estamos no Natal para eu ficar que nem uma árvore de Natal?". A Irmã respondeu: "Isto é um aparelho de eletrocardiograma, Madre Teresa. Um belo enfeite, uma bela decoração". Madre Teresa pôs-se a olhar para as mãos, completamente roxas das picadas das agulhas, e comentou: "E isto é um presente de Deus".

Em março de 1997 teve, finalmente, de passar a responsabilidade de superiora da sua congregação. Em 30 de agosto morreu a princesa Diana, que Madre Teresa conhecera em 1985. Foi convidada para as cerimônias fúnebres, mas o seu estado de saúde já não lhe permitia viajar.

Na noite de 5 de setembro de 1997, quando Madre Teresa morreu em Calcutá, a sua Ordem, constituída por cinco congregações, tinha 592 casas, mais exatamente "tabernáculos". Em 2010, quando finalizava este livro, já existiam mais de 750 tabernáculos e mais de cinco mil Irmãs. Nos últimos trinta e cinco anos de sua vida Madre Teresa, mudou, em média, de casa, de país ou até de continente a cada três dias. Soube-se, entretanto, que escrevera mais de cinco mil cartas de cunho teológico-espiritual. Mas acerca disto ela diria: "Qualquer um pode fazer isso". A diferença está na forma como ela fazia tais coisas.

Na sua sepultura, no piso térreo da casa-mãe das Missionárias da Caridade, em Calcutá, encontra-se uma frase do capítulo 15 do Evangelho de São João: "Amai-vos uns aos outros, assim como eu vos amei".

CAPÍTULO 23

Madre Teresa está viva!

Será que aconteceu mesmo? Será que, depois do funeral solene em 13 de setembro de 1997, em Calcutá – um funeral de Estado, ao qual o Papa João Paulo II enviou como seu representante o Cardeal Ângelo Sodano, Secretário de Estado; para o qual se deslocaram rainhas e presidentes – tudo acabou? Estaria encerrado o capítulo intitulado "Madre Teresa de Calcutá" da história da Igreja? Ou, mais tarde, com a beatificação, em 19 de outubro de 2003, proclamada pelo Papa João Paulo II?

Não, eu acredito que Madre Teresa está viva! Junto do Senhor, naturalmente, a quem ela serviu durante toda a vida, mas também através das suas Irmãs, aqui e hoje. Vezes sem conta, em diversos continentes e diferentes países, pude constatar que o espírito de Madre Teresa, presente na Ordem por ela fundada, está vivo.

Ainda em vida, muitas pessoas próximas de Madre Teresa estavam preocupadas com a continuidade da obra depois de sua morte e quem poderia garanti-la. A resposta de sempre era: "Se Deus conseguiu começar esta obra a partir do nada, então não lhe há de ser difícil encontrar alguém que a continue melhor do que eu. Isto é obra dele".

* * *

O milagre oficial, reconhecido pela Igreja, o motivo da beatificação de Madre Teresa, curiosamente, não teve a ver com uma católica. A mulher curada era uma animista indiana que, depois de muitos tratamentos médicos, veio para a casa das Irmãs para ali morrer. Tinha um câncer em fase terminal. As Irmãs rezaram com ela e pediram a intercessão de Madre Teresa. A mulher adormeceu, mas acordou de noite e viu um raio de luz e de calor que emanava de uma imagem de Madre Teresa e vinha em sua direção. Quando acordou na manhã seguinte, estava completamente curada – como os médicos confirmaram mais tarde.

As Irmãs do Rio de Janeiro contaram-me, há anos, um encontro singular: numa das favelas, onde nem mesmo a polícia se atreve a entrar, as Irmãs visitavam regularmente as famílias e um senhor idoso que vivia só. No local reinava a força obscura da máfia da droga. Certo dia, um jovem bateu à porta da casa das Irmãs. Elas não o conheciam, mas mesmo assim o convidaram a entrar.

Ele ficou parado na entrada, então virou-se para sair dizendo: "Eu sou da favela. Ontem quebrei uma lei da máfia da droga. Amanhã estou morto. Ninguém pode me proteger". "Podemos ajudar de alguma maneira?", perguntou uma das Irmãs. "Não, eu quis fazer a minha última caminhada até aqui para dizer para vocês que amanhã estarei morto. Porque vocês devem ser as únicas pessoas do mundo a quem talvez isto possa interessar."

A fim de poderem ajudar as pessoas nas favelas do Rio, as Irmãs colocaram Nossa Senhora à beira da favela. Logo se juntou um enorme grupo de crianças com quem as Irmãs rezavam.

"Qual é a família que mais precisa de Nossa Senhora?", perguntaram as Irmãs depois da oração. Uma menina disse que a mãe havia algum tempo tinha mudado muito e estava muito sozinha. As Irmãs a seguiram e encontraram uma mulher visivelmente perturbada do ponto de vista psíquico. Só com a insistência da menina é que a mãe deixou as Irmãs entrarem. Mas depois contou as suas desgraças: a máfia da droga havia assassinado o marido e pendurado o cadáver carbonizado na porta de sua casa. Pouco depois, o filho fora raptado pelos mesmos bandidos, que o esquartejaram e também o deixaram na porta da casa.

As irmãs rezaram a Ave-Maria com a mulher e deixaram-lhe a imagem de Nossa Senhora durante nove dias. Ao fim desse tempo, quando voltaram a visitá-la, o espaço estava completamente mudado: de repente tudo estava limpo e arrumado. A mulher estava curada. "Nossa Senhora me curou, agora não podem tirá-la de mim!", disse ela. Claro que as Irmãs deixaram a Nossa Senhora. A mulher é hoje uma das colaboradoras das Irmãs.

Em Buenos Aires, capital da Argentina, as Irmãs prestavam assistência num bairro pobre. Certo dia, ouviram tiros logo adiante, o que, no entanto, não as impediu de continuarem naquela direção. Vinha de lá, cambaleando, um homem visivelmente embriagado, gritando "Agora vou matá-la!" (referindo-se à mulher), e gesticulando furiosamente com um revólver. As pessoas fugiam, à procura de um lugar seguro, e só as Irmãs seguiram na direção dele, tiraram-lhe o revólver da mão e disseram: "Não seja bobo. Agora vá descansar".

Pode-se ver também nesse episódio que as Irmãs seguiam o exemplo de bravura de Madre Teresa: na capital do Camboja,

Phnom Penh, as Missionárias da Caridade mantinham um lar para os órfãos da Aids, ocupando-se também da alimentação dos pobres. Para tal fim, tinham um grande armazém, no qual guardavam as doações recebidas. Certa noite, o armazém foi assaltado. As irmãs acordaram, correram para o armazém e tiveram de reconhecer que o responsável pelo roubo era o guarda que elas próprias haviam contratado. De arma em punho, ele supervisionava o carregamento dos víveres. A madre superiora foi ao encontro dele, exigindo que devolvesse tudo ao seu lugar. "Nem mais um passo, senão eu atiro!", gritou ele. "Pois bem, ou atira agora ou coloca tudo no lugar", retorquiu a madre superiora, sem qualquer sinal de medo. Resultado: ele mandou arrumarem tudo.

Muito pouco tempo depois do horrível massacre na década de 1970, a mesma casa das Irmãs em Phnom Penh tinha começado a aceitar doentes com Aids, abandonados pelas famílias por causa da doença. Essas pobres criaturas perambulavam pelas ruas até encontrarem alguma coisa para comer; quando as escassas provisões chegavam ao fim, muitos acabavam com própria a vida. Mais tarde, as Irmãs passaram a aceitar também crianças infectadas pelo HIV que não podiam ficar com os pais. Mandavam-nas à escola e tratavam delas com os medicamentos mais modernos, na esperança que chegassem aos dezesseis ou dezoito anos. Quando passei alguns dias nessa casa, reparei numa menina muito magra, mas alegre e radiante, que fazia parte das crianças infectadas pelo HIV e que era a única que ia regularmente à missa da manhã.

Eu estava prestes a deixar a casa das Irmãs quando essa menina passou de carro pelo portão principal. Quando me viu, baixou o vidro e gritou, como se fosse a mais alegre novidade do dia: "Padre, hoje vou à cidade para fazer o controle pela última vez. Depois só volto aqui para morrer". Com um sorriso radiante acenou até o carro desaparecer da minha vista.

As Irmãs na Armênia contaram-me um outro episódio. Certa noite, em pleno inverno, ouviram um ruído em casa. Quando uma das Irmãs chegou ao corredor para ver de onde vinha o barulho, viu-se diante de um homem mascarado. Ele a puxou, encostou-lhe uma grande faca na garganta e gritou: "Quero os dólares, já!". Ela respondeu: "Não temos dólares!". "Então os rublos!", exigiu o assaltante. A Irmã retorquiu: "Também não temos rublos em casa". Então o homem disse: "Então me dê algo para comer!". As Irmãs embrulharam macarrão, conservas e tudo o que tinham em casa. Caridosas como são, nem mesmo se esqueceram do sal e dos talheres. Mal tinham arrumado tudo, o homem arrancou-lhes o saco das mãos e saiu correndo pelo caminho por onde tinha entrado. O assalto o conduzira da porta de entrada, que ele tinha arrombado, até as Irmãs, passando pela capela. Quando atravessava a capela correndo, virou-se de repente e disse: "O seu Deus nunca vai me perdoar!". Uma Irmã respondeu: "Você se engana, ele vai perdoá-lo quando você lhe pedir perdão". O homem se virou e, ao sair, disse para as Irmãs, que tremiam de frio: "Vocês precisam fechar a porta quando eu sair". Mas a porta não fechava mais, porque ele a tinha arrombado e danificado. Ao ver o desamparo das Irmãs, mandou que lhe trouxessem um martelo e começou a consertar a porta. Assim que deixou tudo em ordem, pegou o saco e foi-se embora.

Tenho certeza absoluta de que aquelas Irmãs rezaram muito pelo seu assaltante. Para que ele viesse a descobrir que o Deus delas – que também era o Deus dele e o Deus de todos nós – o perdoava de bom grado tão logo ele estivesse aberto a aceitar o perdão e o amor de Deus.

Esse e muitos outros sinais de amor invulgar provam que Madre Teresa está viva hoje. Claro que no céu, mesmo ela tendo dito um dia: "Vou estar ausente do céu para poder ajudar na terra". Ainda que no céu, ela deseje do fundo do coração "dar muitos santos à Madre Igreja" e "encher o céu com os mais pobres dos pobres das favelas". Aqui na terra ela continua o seu trabalho através das Missionárias da Caridade, com todo o bem que elas praticam.

Depois da beatificação de Madre Teresa, o Cardeal John Patrick Foley disse, muito acertadamente: "Hoje, quem quiser ver a Bem-aventurada Madre Teresa só precisa observar as suas Irmãs". Assim como em Madre Teresa, é possível reconhecer nelas o lápis de Deus, pelo qual ainda hoje ele torna visível o seu amor. Através de sua entrega aos mais pobres dos pobres, ainda hoje elas anunciam Jesus.

Em 4 de setembro de 2016, o Papa Francisco canonizou Madre Teresa, recordando a sua defesa enérgica da vida e da dignidade que Deus havia dado àqueles que se deixavam morrer à beira das estradas. Disse ele: "A misericórdia foi para ela o sal que dava sabor a todas as suas obras, e a luz que iluminava a escuridão daqueles que já não tinham sequer lágrimas para chorar a sua pobreza e sofrimento".

Dear Fr. Leo.
Be Holy – like Jesus
Be only all for Jesus through Mary. Give only Jesus to all you meet
God bless you
M Teresa mc

Querido Padre Leo.
Seja santo – como Jesus.
Seja todo só para Jesus através de Maria.
Dê apenas Jesus a todos que você encontrar.
Deus o abençoe.

M. Teresa MC

Agradecimentos do autor

O meu sincero agradecimento ao Sr. Stephan Baier pela competente e perspicaz colaboração literária e pela coordenação eficiente dos vários passos necessários à elaboração deste livro. Também devido à compreensão demonstrada por sua família, o meu muito obrigado.

A bela fotografia da capa foi-me cedida pelo Sr. Dr. Janko Hnilica, irmão do falecido Bispo Pavol Hnilica, a quem devo o meu encontro com Madre Teresa.

À Sra. Barbara Polak, o meu profundo agradecimento pela cuidadosa e fluente transcrição dos textos.

Monsenhor Dr. Leo Maasburg

Rua Dona Inácia Uchoa, 62
04110-020 – São Paulo – SP (Brasil)
Tel.: (11) 2125-3500
http://www.paulinas.com.br – editora@paulinas.com.br
Telemarketing e SAC: 0800-7010081